KB139341

쉽게 읽는 지식총서

한국사 I
(韓國史)

惠園出版社

쉽게 읽는 지식총서 한국사 I

지은이 | 민병덕
펴낸이 | 전채호
펴낸곳 | 혜원출판사
등록번호 | 1977. 9. 24 제8-16호

편집 | 장옥희 · 석기은 · 전혜원
디자인 | 홍보라
마케팅 | 채규선 · 배재경 · 전용훈
관리 · 총무 | 오민석 · 신주영 · 백종록
출력 | 한결그래픽스
인쇄 · 제본 | 백산인쇄

주소 | 경기도 파주시 교하읍 문발리 출판문화정보산업단지 507-8
전화 · 팩스 | 031)955-7451(영업부) 031)955-7454(편집부) 031)955-7455(FAX)
홈페이지 | www.hyewonbook.co.kr / www.kuldongsan.co.kr

ISBN 978-89-344-1019-5

쉽게 읽는 지식총서

History of Korea

한국사 I

민병덕 지음

혜원

목차

Ⅲ. 남북국 시대

Ⅳ. 고려 시대

〈한국사 II〉 목차

Ⅰ. 조선시대

Ⅱ. 일제 강점기 시대

Ⅲ. 대한민국 성립

부록 · 역대 왕조 계보
· 국사 연표

I

선사 시대와
초기 국가 시대

1. 선사 시대와 역사 시대의 구분

→ 선사 시대와 역사 시대를 구분하는 기준은 문자의 사용 여부이다.

역사는 흔히 선사(先史) 시대와 역사(歷史) 시대로 구분되는데, 이것을 구분하는 가장 큰 기준은 바로 문자로 기록했느냐의 여부이다.

선사 시대는 문자로 쓰이기 이전에 살았던 사람들의 시대로, 주로 유물이나 유적을 바탕으로 조상들의 생활 모습을 추정하고 있는 구석기 시대와 신석기 시대를 말한다.

반면에 역사 시대는 청동기 시대 이후 문자로 기록되어 조상들의 생활 모습을 자세히 알 수 있는 시대로 우리나라는 철기 시대 이후 문자를 사용한 것으로 추정한다. 우리나라에서 최초로 역사를 기록한 것은 고구려의 《유기(留記)》이다.

2. 구석기 시대와 예술

→ 구석기 시대는 무리를 지어 평등하게 어로, 채집, 수렵생활을 하며 이동생활을 하였다.
구석기 시대 사람들이 많은 사냥감을 얻기 위한 주술적 의미로 예술품을 남겼다는 것을 추정하게 한다.

한반도와 그 주변 지역에서는 약 70만 년 전의 구석기 유물들이 발견되고 있다. 구석기 시대의 유적은 함경북도 웅기군 굴포리, 충청남도 공주시 석장리, 평안남도 상원 검은모루, 충청북도 제천의 점말 동굴, 충청북도 단양 수양개, 제주도 빌레못 동굴을 비롯하여 전국에 걸쳐 분포

구석기 시대의 유적지

뗀석기

하고 있다.

구석기 시대 사람들은 돌을 있는 그대로 사용하다가, 점차 용도에 따라 여러 가지 뗀석기를 만들어 사용하였다. 사냥 도구로 주먹 도끼와 찍개, 그리고 팔매돌이 있다. 특히 주먹도끼와 찍개는 한 개의 커다란 석기를 가지고 여러 용도에 사용하게 하여 '만능 석기'라고도 한다. 그리고 주먹도끼와 찍개를 만들고 난 잔돌을 가지고 다듬어서 조리 도구인 긁개와 밀개, 자르개와 찌르개, 예술품을 남기기 위한 새기개를 만들었다.

구석기 시대 사람들은 무리를 지어 모든 사람이 평등한 위치에서 어로, 채집, 수렵생활을 하였다. 이들은 먹을 것이 떨어지면 계절에 따라 이동하면서 동굴이나 강가에 막집을 짓고 살았다.

공주 석장리와 단양 수양개에서 발견된 고래와 물고기 등을 새긴 조각품은 구석기 시대 사람들이 많은 사냥감을 얻기 위한 주술적 의미로 예술품을 남겼다는 것을 추정하게 한다.

3. 중석기 시대

→ **중석기 시대는 구석기와 신석기를 연결하는 과도기이다. 신석기 시대에 비하여 농경생활을 하지 않았으며, 토기도 사용하지 않았다.**

12,000년 전에 지구상에는 커다란 기후 변화가 나타났다. 기후가 따뜻해지면서 빙하가 자연스레 북쪽으로 옮겨갔다. 몸집이 큰 짐승들은 빙하를 따라 북쪽으로 이동하였으며, 따뜻한 기후에는 몸집이 작으면서 재빠른 짐승과 물고기가 많아졌다. 이러한 짐승과 물고기를 잡기 위하여 사람들은 화살이나 작살을 만들었다. 수석, 마노, 석영 등을 가공하여 만든 화살과 작살은 작고 가늘며 날카롭게 생겨 '잔석기', '세석기'라고 부르게 되었다. 또한 구석기 시대에서 신석기의 징검다리이기에 중석기 시대라고 부른다.

중석기 시대는 큰 짐승을 잡던 구석기 시대에서 작은 짐승을 잡기 위해 인간이 도구를 발전시키는 과정을 말하는 것으로 이미 그 시기에 그림을 남기기도 했다. 이러한 그림은 바위에 무늬를 새긴 그림이라고 하여 '암각화'라고 한다. 암각화는 짐승을 사냥하던 사람들이 남긴 예술품으로 문자와 그림의 기원이라고 할 수 있다.

4. 신석기 혁명

→ **신석기 시대는 농경과 목축생활을 시작한 신석기 혁명이 일어나 정착 생활을 하였다.**

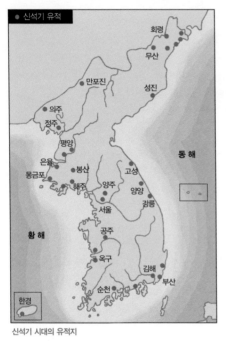
신석기 시대의 유적지

신석기 시대는 기원전 8천 년 경부터 시작되었다. 신석기 시대의 유적은 강원도 양양군 오산리, 서울시 강동구 암사동, 평안북도 의주군 미송리, 부산시 동삼동 등 전국적으로 분포하고 있으며, 주로 강가나 바닷가에서 발견되고 있다.

신석기 시대에 들어와 이전의 수렵·채집·어로생활에서 한 곳에 정착하여 농경생활과 가축을 기르는 '신석기 혁명'이 일어났다.

신석기 시대에는 뗀석기에서 용도에 따라 돌을 갈아서 만든 간석기가 사용되었으며, 뼈 도구가 이용되었다. 농기구로는 돌로 만든 석기인 돌괭이, 돌삽, 돌보습, 돌낫과 나무로 만든 농기구가 사용되었다. 신석기 혁명으로 농경생활이 이루어지면서 보관과 음식을 조리할 목적으로 빗살무늬 토기가 널리 사용되었다. 또한

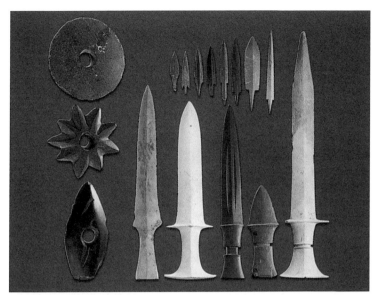

간석기 [허가번호 : 중박 200906-231]

수확한 조와 피를 가공하기 위한 돌 갈
판을 만들었으며, 가락바퀴로 실을 뽑고
뼈바늘로 옷을 지어 입기도 하였다.

신석기 시대 사람들은 씨족을 중심으
로 20~30명씩 무리를 지어 한 곳에 마
을을 형성하였다. 이들은 다른 씨족과
혼인을 통하여 부족을 이루며 몇 개의
씨족이 모여 생활하였는데, 경험이 많
은 사람을 부족장으로 뽑아 사회를 이
끌게 하면서도 평등한 사회였다.

빗살무늬 토기 [허가번호 : 중박 200906-231]

신석기 시대 사람들은 해, 달, 산, 강, 큰나무 등에 영혼이 있다는 자연 숭배 신앙인 애니미즘(animism)과 특정 동물이 자기 부족을 지켜준다는 수호신으로 삼아 숭배하는 토테미즘(totemism) 신앙, 사람과 하늘을 연결시켜주는 무당과 그 주술을 믿는 샤머니즘(shamanism)도 있었다. 나아가 이들은 얼굴이나 뱀과 망아지 등 동물 모양을 새긴 조각품, 조개껍데기 가면, 장식품인 치레걸이 등 자신들의 신앙과 소망을 바탕으로 예술 활동을 하기도 하였다.

❗ 구석기 시대와 신석기 시대의 비교

	구석기 시대	신석기 시대
시기	70만 년 전	기원전 8000년경
도구	뗀석기, 골각기	간석기, 골각기
식생활	사냥, 어로, 채집	농경, 목축
주거생활	이동생활(동굴, 막집)	정착생활(움집)
대표 유물	뗀석기	빗살무늬 토기

❓ 알고 넘어가기

선사 시대 유적 가운데 조개무지는 쓰레기장?

▶해안에 거주하는 주민들은 조개를 주식처럼 먹었다. 조개무지는 조개를 먹고 난 뒤 모아 버린 곳으로써 시신을 묻는 공동묘지로도 이용되었다.

선사 시대의 유적 가운데 패총(貝塚), 즉 조개무지가 여럿 발굴되었다. 조개무지는 석기 시대 사람들이 조개를 먹고 난 뒤 그 껍데기를 버린 유적으로, 조개는 우리나라의 역사가 기록되기 이전부터 오늘에 이르기까지 빼놓을 수 없는 먹을거리였다. 특히 신석기 시대에는 당시의 조개무지에서 무려 350여 종류에 이르는 조개껍데기가 나올 정도로 주요한 식량이었다.
경포대에서 나는 작은 조개를 '제곡(齊穀)'이라 하는데, 인근 주민들이 쌀과 보리 등 곡식이 부족할 때 끼니를 때우기 위하여 먹었다 하여 그런 이름이 붙었다고 한다. 조선 후기의 학자 심재가 쓴 《송천필담(松泉筆談)》에는 '흉년이 들면 작은 조개가 많이

김해 패총

나고 풍년이 들면 적게 난다.'고 적혀 있다.

또한 함경도 지방에서는 가리비를 밥조개라고 하는데, 곡식이 부족한 춘궁기 때 밥 대신 먹었다고 하여 붙여진 이름이다. 고려 때에는 원나라에서 이 가리비를 너무 심하게 수탈해 가서 해안에 독즙을 풀어 가리비가 나지 않게 했다는 이야기도 전해 온다.

이러한 사실로 미루어 보아 예전에는 조개껍데기가 엄청나게 많이 나왔을 것이며, 이를 한 곳에 모아 둘 필요가 있었을 것이다. 왜냐하면 석기 시대 사람들은 대부분 맨발로 다녔으므로 조개껍데기에 긁히거나 찔리는 등의 부상을 막아야 했기 때문이다. 따라서 마을 부근의 적당한 위치에 조개껍질을 모았을 것이며, 조개무지는 쓰레기장 역할을 하였다고 쉽게 짐작할 수 있다. 함경도 · 경상남도 · 전라도 · 경기도 · 황해도 · 평안남도 지역의 바닷가에서 발견되는 조개무지에서는 가끔 당시에 사용되던 유물들이 함께 발견되는데, 이 유물은 수명이 다해 버려졌을 가능성이 높다.

경남 김해에서 1920년에 발굴된 조개무지에서는 독무덤과 석실(石室)이 함께 발견되었다. 이 조개무지는 신석기 시대부터 초기 삼국 시대 사이의 것으로, 공동묘지의 역할을 한 것으로 추측된다. 신석기인들은 주로 바닷가나 강가에서 생활을 했는데, 부근에 흙이 부족했으므로 조개껍데기로 시신을 덮었을 것이다. 쓰레기 문제도 해결하고, 죽은 사람의 시체도 매장하는 일거양득의 지혜를 발휘했던 것이다.

5. 청동기 시대의 농업

→ 야산이나 언덕 지대에서 거주한 청동기 사람들은 민무늬 토기를 사용하고 벼농사를 시작하였다.

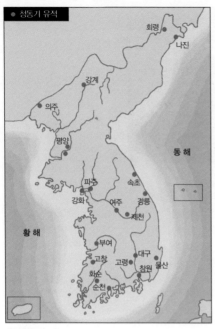

● 청동기 유적

회령
나진
강계
의주
평양
동 해
파주
속초
강화
여주
강릉
제천
황 해
부여
고창
대구
고령
창원
울산
화순
순천

청동기 시대의 유적지

우리나라에서 청동기가 시작된 것은 기원전 20세기를 전후한 시기이다. 이들은 청동기가 충분하게 공급되지 않아 주로 무기나 지배 계급의 장식품으로 청동기를 이용하였다.

청동기 시대 사람들은 주로 야산이나 언덕 지대에서 생활하였는데, 직사각형이나 신석기 시대보다 얕게 원형의 움집을 짓고 살았다. 이 지역에서는 밑바닥이 평평하거나 좁은 팽이 모양이 기본형이고, 빛깔은 적갈색인 민무늬 토기가 발견되고 있다. 민무늬 토기의 '민'은 장식을 꾸미지 않고 붙어 딸린 것이 없는 것을 가리킨다.

농기구는 주로 나무나 뗀석기를 사용했으며, 반달 돌칼을 이용하여 벼농사를 지었고, 맷돌로 가공하였다. 본격적인 농경생활의 시작으로 사유 재산이 증가하였고, 사유 재산의 증가는 빈부의 격차를 가져왔다. 이러한 경제력을 바탕으로 많은 청동제 무기를 만든 족장들은 이웃 부족을 정복하여 세력을 확장하였다. 그러므로 청동기 시대에는 정복 전쟁이 강해져 지배층과 피지배층이 나타나는 계급사회가 형성되었다. 대

민무늬 토기 [허가번호 : 중박 200906-231]

비파형 동검과 세형 동검
[허가번호 : 중박 200906-231]

표적인 청동제 무기는 비파형 동검으로 만주로부터 한반도에 걸쳐 넓은 지역에서 발견되고 있다. 지배층 중에서 경제력과 정치권력을 함께 가진 족장은 하늘에 제사지내는 제사장과 부족사회를 지배하는 군장을 겸하는 제정일치(祭政一致) 사회였다. 이들은 자신들

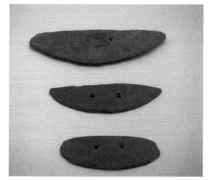

반달 돌칼

의 권위를 높이기 위하여 거대한 고인돌이나 돌널무덤을 만들었으며, 청동검과 청동거울을 함께 묻었다.

50톤이나 되는 고인돌 무덤의 덮개는 어떻게 운반했을까?

▶강력한 권력을 상징한 고인돌은 겨울철에 빙판을 이용하거나 통나무 등을 이용해 운반했다.

고창 고인돌

신석기 시대부터 청동기 시대에 걸쳐 이루어진 거석(巨石) 문화물로 고인돌과 선돌을 들 수 있다. 고인돌은 무덤이며, 선돌은 거석을 숭배하던 신앙물이다. 고인돌은 돌멘(Dollmen) 또는 탱석이라고도 한다. 이 말은 프랑스 브르타뉴 지방의 말로 돌(doll)은 상(床)이나 테이블 같은 것을 의미하며, 멘(men)은 암석과 같은 것을 의미한다.

고인돌은 주로 한국, 만주 등지에 분포되어 있는데 우리나라의 고인돌은 부족장의 무덤으로, 그 주된 분포 지대는 화순·고창·강화 등 우리나라 전역에 분포하고 있다. 현재 유네스코가 세계 문화유산으로 지정, 보호하고 있다. 또한 우리나라의 고인돌은 그 축조 형식에 따라 남방식과 북방식으로 구분된다.

남방식은 돌관이나 옹관을 매장하고 그 위에 5~6개의 돌로 개석(蓋石, 덮개돌)을 고여 놓은 것인데, 이 남방식의 특징은 석실이 지하에 있다는 점이다. 이렇게 만들어진 석실에 시체를 묻고 간석기 또는 토기와 같은 부장품을 묻었다.

북방식은 장방형의 판석(板石) 4~5개를 지상에 세워서 석실을 만들고 나서 그 위에 대형 판석을 덮개돌로 덮은 것이다. 그런데 덮개돌은 길이가 3~5미터이고, 폭이 2~4미터 내외인 무거운 돌로써, 그 무게가 무려 50톤이나 된다. 이 정도 무게가 나가는 돌이라면 '과연 그것을 어떻게 옮겼을까?' 하고 의문이 들지 않을 수 없다.

그 방법으로는 첫째, 많은 사람들이 동원되었으리라 추측해볼 수 있다. 한 사람이 100킬로그램을 소화해낸다고 해도 무려 5백 명의 장정이 필요하다는 계산이 나온다. 실제 고인돌 제작에도 5백 명 가량의 장정이 동원되었다. 그 옛날 이렇게 많은 사람을 동원하기는 결코 쉬운 일이 아니었을 것이다. 그러므로 주인은 많은 사람을 동원할 수 있는 권력을 지녔음에 틀림없다. 부왕의 지위를 물려받은 후계자는 고인돌을 만드는 것 자체가 목적이었다기보다는 고인돌을 만드는 과정을 통해 자신의 권력이 강하다는 것을 백성들에게 보여줌으로써 백성들의 충성을 받고자 했던 것이다.

둘째는 좀 더 쉽게 덮개돌을 옮기기 위하여 겨울철에 얼음이 얼거나 눈이 와 미끄러울 때를 이용했을 것이다. 아무래도 땅이 얼어 미끄러우면 많은 힘을 들이지 않고도 덮개돌을 옮길 수 있기 때문이다. 그런데 여기서 문제는 사람은 겨울에만 죽는 것이 아니라는 점이다. 아마 이 기간에는 가매장(假埋葬)을 했다가 추운 겨울이 오면 정식으로 매장했을 것이다.

셋째는 통나무를 이용하는 방법이다. 덮개돌 밑에 통나무를 끼워 이동시키는 것으로 이 방법은 계절에 관계없이 활용할 수 있었다. 여기에 덮개돌을 바칠 기둥돌의 높이에 맞게 경사가 지게 흙을 쌓아 놓으면 쉽게 고인돌의 덮개돌을 이동시킬 수 있을 것이다. 주로 돌이 언덕이나 야산에 있으므로 청동기 시대의 유물이나 유적이 그러한 곳에 많은 것이다.

6. 고조선의 단군신화와 8조 법금

→ 단군신화(檀君神話)를 통해 농업사회와 선민사상, 토테미즘을 알 수 있으며, 8조 법금을 통해서 생명 존중 사상과 사유 재산과 화폐가 사용되었음을 알 수 있다.

단군신화

우리 민족 최초의 고대 국가인 고조선의 첫 임금으로 우리 민족의 시조로 받들고 있다. 단군(檀君), 단군왕검(檀君王儉), 단웅천왕(檀君天王)이라고도 한다. 천제인 환인(桓因)의 손자이며, 환웅(桓雄)의 아들로 기원전 2333년 아사달에 도읍을 정하고 단군 조선을 개국하였다. 단군의 탄생과 건국 과정에 대해 일연(一然)의 《삼국유사(三國遺事)》에 다음과 같이 전한다.

옛날에 하느님(환인)의 아들 환웅이 인간 세상에 뜻을 두고 탐내다가 아버지에게 "인간을 널리 이롭게 하도록 세상에 내려가 다스리게 해주십시오."라고 말하였다. 그러자 환인은 거울, 칼, 방울의 천부인을 내주며 허락하였다. 환웅은 바람신, 비신, 구름신 등 3천여 명의 무리를 거느리고 태백산 꼭대기의 신단수(박달나무) 아래 내려와서, 그곳을 신시라 이름 짓고 새로운 세상을 열었다. 환웅은 농사, 생명, 질병, 형벌, 선악을 비롯한 360여 가지의 일을 돌보며 세상을 다스려 나갔다.

이때 곰과 호랑이가 찾아와 "저희들은 사람 되는 것이 소원입니다. 무슨 일이든 할 것이니 부디 인간으로 만들어 주십시오." 하고 간청하였다. 그러자 환웅은 곰과 호랑이에게 쑥과 마늘을 주면서 "너희들이 동굴에 들어가 이것을 먹고 백일 동안 햇빛을 보지 않는다면 사람이 될 것이다."라고 하였다.

굴 속으로 들어간 호랑이는 백일을 참지 못하고 뛰쳐나갔으나, 곰은 끝까지 견뎌 여자로 다시 태어났다. 그러나 결혼할 남자가 없던 웅녀는 성황당 밑에서 아이를 갖게 해달라고 간절히 빌었다. 이것을 본 환웅이 웅녀와 결혼하여 아이를 낳으니, 바로 단군왕검이다.

단군신화를 통하여 알 수 있는 사실은 다음과 같다.

먼저 토템(totem) 신앙사회이다. 곰과 호랑이를 각각 토템으로 삼는 정착 민족과 이민족인 단군의 결합으로 새로운 사회가 만들어진 것이다.

둘째로 농업사회이다. 곰에게 마늘을 주었다고 하는 것과 함께 농사를 짓는데 있어서 꼭 있어야 할 비, 바람, 구름이 등장하고 있다.

셋째로 제정일치 사회이다. 단군왕검에서 단군(檀君)은 종교를 지배하는 제사장을 뜻하며, 왕검(王儉)은 정치를 담당하는 군장을 뜻하는 것이다. 곧 부족장이 정치와 종교를 함께 지배한 사회였다.

넷째로 우리나라의 건국이념을 알 수가 있다. 바로 '홍익인간(弘益人間)'이다. 인간 세상을 널리 이롭게 하라는 홍익인간은 대한민국의 건국이념이다.

다섯째로 하늘로부터 선택을 받은 '선민사상'이다. 대개 청동기 문화를 가진 민족들은 선진문화를 가진 이주 민족들이다. 이들이 정착 민족을 지배하기 위해서는 자신들이 하늘의 선택을 받았다는 사실을 나타내야 정착 민족들이 복종을 할 것이기에 자신들이 하늘의 선택을 받았다는 사실을 강조한 것이다.

8조 법금

고조선은 여덟 가지의 법을 만들어 사회질서를 잡았다. 오늘날에는 중국의 역사책인 《한서지리지(漢書地理志)》에 8가지 법 가운데 3가지의 조항만이 전한다. 그 내용을 보면,

> 사람을 죽인 자는 사형에 처하고, 남에게 상처를 입힌 자는 곡식으로 배상하며, 도둑질을 한 자는 종으로 삼되 용서를 받으려면 50만전을 내야 한다.

이러한 8조 법금에 비추어볼 때, 고조선사회는 인간의 생명을 존중하였고, 농사를 지었으며, 개인이 재산을 가지는 사유 재산을 인정하였다. 그리고 신분에 차이가 있는 계급사회이며 화폐가 사용되었다는 것을 알 수 있다.

위만(衛滿)이 고조선의 준왕을 몰아내고 조선을 지배했는데, 그럼 중국의 식민지가 된 것인가?

▶위만은 고조선이 지배한 지역에서 살고 있었으며, 의복과 머리 모양으로 미루어 조선인이었으므로 위만조선은 고조선의 뒤를 계승한 것이라 할 수 있다.

위만(衛滿)에 대한 기록은 사마천(司馬遷)이 지은 《사기(史記)》〈조선전〉에 다음과 같이 기록되어 있다.

조선 임금 만(滿)이라는 자는 옛날 연나라 사람이다. 연나라가 전성할 때로부터 일찍이 진번과 조선을 침략하여 자기 나라에 붙이고 관리를 두고 국경을 방비했다. 진이 연을 멸하자 요동 밖 변경을 자기 땅에 붙였으나, 한(漢)이 일어나자 지방이 멀어 지킬 수 없기 때문에 다시 요동의 옛날 성을 수리하여 패수(浿水, 지금의 압록강)에 이르러 경계를 삼아 연에 붙였다. 연왕 노관이 반역을 저질러 흉노로 돌아가자 위만은 도망해서 무리 천여 명을 모아 가지고 북상투를 하고 오랑캐의 옷을 입은 채 동쪽으로 달아나 국경을 지나서 패수를 건넜다. 이리하여 진나라의 옛날 빈터인 상하장에서 살았다. 여기에서 그는 진번과 조선, 그리고 오랑캐 및 옛날 연과 제에서 도망한 자들을 자기에게 붙여 왕 노릇하고 왕검에 도읍을 정했다.

이 기록에 의하면 위만은 중국인 이주자이며, 고조선이 중국 이주민에 의하여 지배를 받은 것으로 생각하기 쉽지만, 위만이 살고 있던 지역은 한때 고조선의 세력권이었다가 연나라의 침략에 의해 빼앗긴 지역으로, 이곳에 살고 있는 많은 사람들은 원래 고조선 주민일 가능성이 높다. 실제로 위만이 망명해왔을 때, 고조선의 준왕이 그에게 망명을 허락하고 곧이어 박사 관직까지 내려줄 정도로 신뢰하고 있었다는 것은 고조선 주민일 것이라는 사실을 더욱 강하게 뒷받침한다. 또 하나는 망명할 당시 위만은 머리에 상투를 하고 고조선의 옷을 입었다고 하는 것은 그가 조선인임을 알려주는 것이다.

만약 위만이 연나라 사람이라면 고조선의 왕이 된 후에 국호를 바꾸었어야 하는데 그렇지 않았고, 통치계급이 중국인이 아닌 토착민 출신이 많다는 것은 식민지가 아닌 독립된 우리나라임을 나타내주는 증거라 할 수 있다.

마지막으로 한나라와 한반도 이남 지역 사이에서 중계무역을 통하여 많은 이익을 내자 한나라가 침입했다는 사실이다.

결론적으로 위만조선의 건국은 우리나라에 철기 문화가 본격적으로 수용되어 생산력이 증가하고 정복 활동이 활발하게 되었다.

7. 고조선이 한나라와 싸우다

→ 고조선이 주변국과 한(漢)나라와의 교류를 방해하므로 타협을 했으나 실패하여 한나라의 침입을 받아 기원전 108년에 멸망되고 한사군(漢四郡)이 설치되었다.

고조선은 위만(衛滿)이 죽고 손자 우거가 왕이 되었다. 한나라에서는 고조선이 한나라와 주변국의 교류를 방해하는 것이 못마땅하였다. 하지만 흉노(匈奴)를 견제하기 위하여 한나라는 고조선과 타협을 시도하였다. 한나라는 고조선에 대하여 한나라를 섬기고, 북방의 여러 민족과 국가를 보호하며, 흉노가 한나라 북쪽 국경을 넘지 못하게 하고, 주변국과 한나라의 교류를 막지 않는다는 조건을 제시하였다. 그러나 우거왕이 이를 거절하였으므로 한나라 무제는 사신 섭하를 타협하도록 보냈다. 한무제의 명령을 받은 섭하가 조선의 서북쪽 국경에 다다랐을 때 우거는 사람을 보내 사신을 암살하였다. 이에 한무제는 기원전 109년 가을에 6만 명의 육군과 7천 명의 수군을 거느리고 조선을 침입하였다. 이 전쟁을 왕검성 전투라고 한다. 국경선인 패수를 중심으로 방어에 주력한 고조선이 좌장군 졸정인 다의 군대와 누선 장군 양복의 수군을 물리쳤다. 한무제는 협상을 시도하여 화해를 하려고 했으나, 고조선의 무장 해제를 요구하여 협상은 실패하였다.

2차 침입을 해왔으나 한나라 군대의 분열로 공격 한 번 제대로 못하고 돌아갔다. 그러나 3차 침입 때 고조선의 신하였던 삼이 반란을 일으켜 우거왕을 죽이고 한나라에 항복하니 위만이 나라를 세운 지 87년 만에 무너지게 되었다. 결국 고조선과 한나라가 싸운 왕검성 전투는 고조선의 내부 분열로 패배하고 말았던 것이다.

한나라는 고조선이 지배하던 지역에 낙랑군, 진번군, 임둔군, 현도군 등 4개의 군현과 대방군을 설치하였다. 대방군이 진번군에서 출발하였기에, 이를 한사군(漢四郡)이라고 한다.

8. 철기 시대와 활발한 전쟁

→ **기원전 5세기경에 시작된 철기 시대는 철제 농기구와 철제 무기의 사용으로 생산량이 늘어나고 정복 전쟁이 활발하여 초기 국가가 나타났다.**

우리나라에 철기가 보급된 것은 기원전 5세기경이었다. 고조선이 중국의 연나라와 교류하면서 철기 문화를 받아들이게 되었다. 철기가 청동기보다 늦은 시기에 사용된 것은 높은 열에 의해 가공되는 철에 비하여 청동기는 낮은 온도에서 가공되기 때문이다. 철기 시대에 청동기는 제사 등과 같이 행사를 진행할 때 사용하는 의식용 도구로 용도가 바뀌었다.

철기는 농기구와 무기로 사용되었다. 칼, 도끼, 끌, 송곳, 가래, 괭이, 반달칼, 낫 등의 철제 농기구의 사용은 농업 생산력의 증가를 가져와 인구가 크게 늘어났다. 칼, 고리칼, 화살촉, 창, 갑옷과 투구 등의 철제 무기는 부족 간의 전쟁을 더욱 빈번히 일어나게 하였다.

철제 무기를 잘 이용한 부족은 세력을 더욱 크게 만들어 국가로 발전해 나갔다. 나아가 중국이나 일본과 육로와 해로를 통하여 교류를 하였다. 중국과의 교류를 알려주는 유물로는 중국의 춘추전국 시대에 사용되던 화폐인 명도전, 반량전, 오수전이 우리나라 지역에서 발견되었다는 것이다. 또한

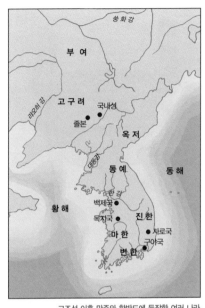

고조선 이후 만주와 한반도에 등장한 여러 나라

경상남도 창원시 다호리 유적에서 발견된 붓은 당시에 이미 한자를 쓰고 있었음을 나타낸다.

철기 시대에 청동기는 한반도내에서 독자적으로 발전되어 제작되었다. 중국의 영향에서 벗어나 비파형 동검은 세형 동검으로, 거친무늬 거울은 잔무늬 거울로 발전했으며, 이것을 제작하던 거푸집이 전국에서 발견되고 있다.

철기의 사용으로 만주와 한반도에 여러 국가가 나타났다. 청동기 시대의 군장사회가 확대된 것으로 자신의 부족을 다스리면서 연맹 전체를 총괄하고 감독하였다. 만주와 한반도 북부에는 부여와 고구려, 옥저와 동

청동 세발솥 [허가번호 : 중박 200906-231]

반구대 암각화

예, 그리고 한반도 남부에 마한, 진한, 변한의 삼한이 일어났다.

철기 시대의 무덤으로는 널무덤과 독무덤을 들 수가 있다. 널무덤은 낙동강 유역에서 발견되는데 지하에 수직으로 길게 구덩이를 파고 직접 시체를 안치하거나 나무로 만든 관에 시체를 넣고 묻는 양식이다. 독무덤은 영산강 유역에서 만들어진 것이 유명하며 크고 작은 항아리를 하나 또는 두 개를 연결하여 무덤을 만든 것이다.

울산광역시 울주군 반구대 그림은 많은 동물과 작살에 꽂힌 고래 등을 자세하게 그렸는데, 풍요로운 생산과 고기잡이의 성공을 비는 주술적 의미를 지니고 있다.

경상남도 고령군 알터의 바위 그림은 큰 원과 삼각형 등의 그림이 그려져 있는데, 큰 원은 태양을 상징하여 태양 숭배를 나타내고 있다.

	청동기 시대	철기 시대
시기	기원전 2000년경	기원전 5세기경
도구	청동기(농기구는 간석기)	철기
식생활	벼농사, 목축	벼농사(저수지 발달), 목축
주거지	움집	지상 가옥
토기	민무늬 토기	여러 모양 토기
무덤	고인돌, 돌널무덤	널무덤, 독무덤

9. 부여의 5부족과 윷놀이의 관계

→ 도, 개, 걸, 윷, 모의 뜻을 부여의 5부족(중앙과 사출도) 명칭에서 찾을 수 있다. 따라서 그 기원을 부여로 추측하는 것이다.

정월 초하루면 우리는 각 가정에서 윷놀이를 즐긴다. 또한 마을에서도 척사대회(擲柶大會)를 열어 온 동네 잔치가 되기도 한다. 우리나라 사람들은 윷놀이를 하면서 가족끼리, 마을 주민들끼리 공동체 의식을 키우곤 하였다. 이 윷놀이는 언제부터 행해졌으며, 어디에서 그 기원을 찾을 수 있을까?

우리나라 초기 국가 중에 부여가 있었다. 송화강 상류에 있었던 부여는 5부족 연맹체로서 각기 부족장이 따로 있어 자기 부족을 다스렸다. 사출도를 다스리는 부족장의 명칭이 돼지(豬), 개(狗), 말(馬), 소(牛)였으며, 중앙에 왕이 다스리는 지역이 따로 있어 5부였다. 이들 지역은 '가(加)'를 두어 독립적으로 다스렸으며, 이들에 의하여 왕이 추대되었으며, 나라에 홍수나 가뭄 등 자연 재해가 있을 때에는 왕에게 책임을 물을 정도로 왕권은 미약하였다.

이때는 농경사회가 완전히 정착된 시기가 아니어서 다섯 종류의 가축을 다섯 부족에게 나누어 주어 그 가축들을 경쟁적으로 번식시키게 했다. 각 부족이 기르는 가축이 토템 신앙으로 정착되면서 나온 놀이가 바로 윷놀이이다.

'도'는 돼지[猪]이며, '개'는 개[狗], '걸(왕이 다스리던 중앙 부족에게 주던 가축인 갈)'은 양(羊), '윷'은 소[牛], '모'는 말[馬]을 상징한다. 이를 순서대로 배열해 보면 돼지, 개, 양, 소, 말이 된다. 곧 동물의 달리는 속력과 관계가 있다. '도'는 한 발씩, '개'는 두 발씩, '걸'은 세 발씩, '윷'은 네 발씩, '모'는 다섯 발씩을 갈 수 있는 것에서 알 수 있다.

윷은 박달나무나 참나무 같은 단단한 나무로 만드는데, 장작윷과 밤윷이 있다. 관서지방과 관북지방에서는 콩윷(팥윷)이라 하여 검정콩이나 팥알 두 개를 쪼개어 놀기도 한다.

우리 민족은 이러한 윷놀이 이외에 섣달그믐날 밤이나 설날에 윷으로 그 해의 길흉(吉凶)을 알아보는 점, 즉 윷점을 쳐 새해 운수를 알아보기도 하였다. 윷점에는 두 가지 종류가 있다. 마을 사람을 두 편으로 나누어 그 결과를 가지고 마을의 운수나 한 해의 풍흉을 점치거나, 개인이 윷을 놓아 나타난 숫자로 자신의 운수를 점치는 것이 있다. 오늘날 화투로 운수를 알아보는 어르신들의 점이 옛날에는 윷으로 하였던 것이다.

농경과 목축을 주로 한 부여는 광개토 대왕 때 고구려에 편입되었다.

부여의 법률이 보복적 성격이었다?

▶ 지배 계급이 사회를 통제하기 위하여 보복적인 성격의 법을 만들었다.

중국의 역사서인 《삼국지(三國志)》 〈위지(魏志)〉 '동이전(東夷傳)'에 부여의 법률이 전하고 있다.

> 살인자는 사형에 처하고, 그 가족은 모두 잡아들여 노비로 삼는다.
> 도둑질한 자는 열두 배로 배상하게 한다.
> 남녀 간에 음란한 짓을 한 자는 사형에 처한다.
> 부인이 투기하면 사형에 처하되 더욱 미워하여 그 시체를 나라의 남산 위에
> 버려서 썩게 한다. 만약 가족이 시체를 가져가려면 소나 말을 바쳐야 한다.

《삼국지》 〈위지〉 '동이전'에 보이는 부여의 법률에서 처음에 나온 조항은 고대 법률의 특징인 보복법의 성격이면서 형벌은 엄하고 각박하였음을 말해주고 있다. 그리고 두 번째는 한 번 잘못을 하면 12배로 갚아야 하는 '일책 십이법'을 말하는 것이다. 그리고 나머지 두 가지는 고대사회가 신석기 시대까지 이어져 왔던 여성 중심의 사회에서 완전하게 남성 중심의 사회로 발전했음을 뜻하는 것이다.

이러한 법률은 국가가 확대되어 질서를 유지할 필요에서 생겨났으며, 지배 계급이 사회를 통제할 필요에서 만들어진 것이다.

10. 백의 민족의 유래

→ 흰옷은 부여 사람들이 입기 시작하였으며, 고려 공민왕(恭愍王) 때 개혁
   정치와 조선 시대에 나라가 발전하지 못한다는 생각으로 이를 금지시
   킨 적이 있었다.

고려 공민왕 때 음양오행설(陰陽五行說)에 따라 흰옷 착용을 금지한 것

을 시작으로 조선 시대에서도 여러 차례 백의 금지령이 내렸으나 번번이 제대로 시행되지 않았다. 그만큼 우리 민족의 흰옷 숭상은 뿌리 깊음을 나타낸다.

우리 민족을 흔히 백의(白衣) 민족(民族)이라고 부른다. 이 말은 옛날부터 우리 민족이 백색 옷, 즉 흰옷을 즐겨 입었던 데서 비롯된 말이며, 줄여서 백민(白民)이라고도 했다. 언제부터 흰옷 입기를 좋아했는지 확실히 알 수 없으나, 중국과 우리나라의 여러 문헌에 나타나는 것으로 보아 부여부터 시작하여 삼국, 고려, 조선 시대에 이르기까지 상당히 오래된 듯하다. 중국의 문헌인 《삼국지》 〈위지〉 '동이전'에 의하면 '부여 사람들은 옷의 빛으로 흰색을 숭상했다. 흰 삼베로 도포를 만들어 입는데 소매가 몹시 넓고, 또 바지도 희게 입는다.'고 하여 부여 사람들이 이미 흰옷을 입고 있었음을 보여준다.

흰색은 태양을 상징하는 것으로, 예부터 우리 민족에게는 태양숭배 사상이 강해 광명을 나타내는 뜻으로 흰색을 신성시하고 흰옷을 즐겨 입었을 것으로 보인다. 이 밖에도 흰색은 하늘과 땅을 의미하는 색이요, 영원히 죽지 않는 색을 뜻하기도 한다.

우리 민족의 흰색, 흰옷 숭상은 뿌리 깊은 것으로, 민족정신을 뜻할 만큼 사랑을 받아 왔다. 외국에서 옷이 수입되었으나, 민족 고유의 옷인 흰색 바지와 치마, 저고리를 끝내 지켜온 것으로도 알 수 있다.

그러나 흰옷을 입음으로써 우리나라가 발전을 못한다고 우필흥이 주장하자 공민왕은 다음과 같은 명령을 내렸다.

"앞으로 흰색 모시옷을 입지 말지어다."

그러나 백성들은 계속 흰옷을 입었다. 그리하여 조선 시대 때에도 흰옷 입는 것을 금지하려고 했었다. 명종(明宗) 때 조식(趙植)이 흰옷은 장례식 때 입는 옷이므로 금지해야 한다고 상소하여 금지했다. 또 이수광(李睟光) 의 《지봉유설(芝峰類說)》에는 여러 차례 국난을 겪는 동안 흰옷을 입게 되었으나, 흰색은 장례식 때 입는 옷이므로 금지했다고 씌어 있다. 또한 태조 7년(1398) 남녀의 흰옷 착용을 금지했고, 태종 1년(1401)에 다시 흰색 의복을 금지했다. 세종 7년(1425)에도 궁궐 안에서 일하는 사람들의 흰옷 착용을 금지했다. 그 뒤 영조 14년(1738)에도 흰옷 착용을 엄히 금지했다.

이와 같이 여러 차례 흰옷 착용을 금지한 것은 신분 구별을 뚜렷이 하고 사치를 금해 검소한 생활을 하기 위함이었다.

여러 차례 흰옷 입는 것을 막으려고 하였으나, 계속 우리 민족이 입었던 것은 곧 흰옷을 입는 습관이 끈질기게 우리의 옷 입는 생활을 지배했다는 사실을 말해주는 것이다. 근대 이후 생각의 변화와 시대의 변천에 따라 예식이나 종교적인 행사 같은 특별한 경우 말고는 자연스럽게 색깔 있는 옷을 입게 되어 차츰 일상생활에서 멀어지게 되었다. 그러나 아직도 갓난아기에게 흰옷을 입히고 죽을 때 또한 흰옷을 입히니 우리나라 사람들의 흰옷 착용은 뿌리 깊은 우리의 풍습이다.

? 알고 넘어가기

중국에서 초기 국가인 부여와 고구려에 대하여 상반되게 기록했다?

▶ 중국과 사이가 원만하지 않은 고구려에 대해서는 부정적으로 서술하였다.

우리나라 초기 국가 시대의 역사를 기록하여 전해주는 중국의 역사책 중에 《삼국지》 〈위지〉 '동이전'이 있다. 이 책에서는 부여와 고구려에 대한 기록을 보면 두 나라를 상반되게 기록하고 있다.

부여에 대하여 '부여는 언덕과 넓은 저수지가 많아서 동쪽의 사람들이 사는 지역 중에서 가장 넓고 평탄한 곳이다. 토질은 오곡을 가꾸기에는 알맞지만 과일은 생산되지 않았다. 사람들의 체격은 매우 크고, 성품이 강직하고 용맹하며, 근엄하고 덕을 많이 베풀어 다른 나라를 침략하지 않았다.' 라고 적은데 비하여, 고구려에 대해서는 '고구려에는 큰 산과 깊은 골짜기가 많고 들판과 저수지가 없어서 계곡을 따라 살며, 골짜기 물을 마시며 살았다. 토질이 좋은 밭이 없어서 힘들여 농사를 지어도 배를 채우기가 어려웠다. 사람들의 성품은 흉악하고 급해서 다른 나라를 침략하여 빼앗기를 좋아하였다.' 라고 적고 있다.

이렇게 상반된 기록을 남긴 것은 부여가 중국과 우호적인 관계를 맺고 있는데 비하여 고구려는 정복 전쟁을 전개하면서 중국과 끊임없이 충돌하였으므로 상반된 평가를 내린 것이다.

11. 순장의 풍속

→ 순장(殉葬)은 삶과 죽음이 하나로 연결되어 있다는 믿음에서 나온 것이다. 부여 시대부터 신분이 높은 사람이 죽으면 노비나 처첩을 함께 묻는 풍속이 삼국 시대까지 있었다.

사람이 죽어서 치르는 장례 풍속에는 매장(埋葬), 조장(鳥葬), 화장(火葬), 수장(水葬) 등이 있다. 이 가운데 가장 널리 행해진 것이 매장인데, 특히 신분이 높은 사람이나 남편이 죽었을 때 그 신하나 아내가 그 뒤를 따라 스스로 목숨을 끊거나 아니면 강제로 죽여서 함께 묻기도 하였다. 이를 순장(殉葬) 또는 순사(殉死)라고 하는데, 삶과 죽음이 하나라는 사생연결관(死生連結觀)에서 나온 풍속이다. 즉 죽어서도 살아서와 마찬가지로 부귀영화를 누리기를 기원하는 마음에서 비롯된 것이다.

순장의 풍속은 세계적으로 널리 분포되어 있었다. 특히 신분이 엄격히 구분되는 사회, 철저한 가부장 사회, 그리고 수메르, 이집트, 상(商)나라와

토용 [허가번호 : 중박 200906-231]

같은 초기 고대 문명 지역과 그 영향권에 있던 지역에서 성행하였다.

중국에서는 순장이 상나라 때 시작된 것으로 보인다. 시신과 청동기를 함께 묻으면서 순장을 하는 묘의 방법을 택했다. 하남성 안양 부근의 무관촌 북쪽 대묘(大墓)에서 사람 뼈 79체가, 후강의 순장갱(殉葬坑)에서는 인골 54체가 발견되었다. 서주(西周) 때까지는 순장이 성했지만, 그 이후에는 무덤 속에 넣는 그릇인 명기(明器)를 묻었다.

중국의 사서(史書)에 의하면 우리나라에도 순장의 풍속이 있었다. 《삼국지》〈위지〉 '동이전' 의 '부여조(夫餘條)'를 보면 부여에서는 귀인이 죽으면 '사람을 죽여서 순장을 하니, 그 수가 많을 때는 백 명에 이르렀다.(殺人殉葬 多至百數)'고 적혀 있다.

이 순장 풍속은 고구려에 전승되었다. '3세기 중엽 고구려 동천왕(東川王)이 죽었을 때 순사자가 얼마나 많았는지 다 묻지 못하여 나뭇가지를 꺾어 덮어두었다.'고 나와 있는 것으로 알 수 있다.

《삼국사기(三國史記)》〈신라본기(新羅本紀)〉 '지증왕조(智證王條)'에는

'지증왕 3년(502) 봄 3월에 명령을 내려 순장을 금했다. 그전에는 국왕이 죽으면 남녀 각 다섯 명을 죽여서 함께 묻었는데, 이때에 이르러 이를 금했다.'고 기록되어 있다. 이로 미루어 신라에서도 국초부터 순장의 풍속이 있었음을 알 수 있다.

가야(伽耶/伽倻/加耶)에도 순장의 풍속이 있었다. 대가야의 왕족들이 묻혔던 경북 고령 지산동 고분군에서도 순장 인골이 발견됐다. 이 중 44호분의 경우, 중앙에 큰 석실(石室, 돌방) 3개를 마련하고 그 주변을 32개의 작은 석곽(石槨, 돌덧널무덤)으로 둘렀다. 가장 큰 석실에 주인공이 묻혔다. 주인공이 묻힌 석실 한쪽과 나머지 두 개의 석실, 32개의 석곽묘에서 모두 한 명씩 순장당한 인골이 발견됐다. 순장 당한 사람 중엔 긴 칼이나 화살촉과 같은 무기, 금은제 장신구 등을 착용한 사람들이 있어 생전에 신분이 비교적 높았던 것으로 추정된다.

그럼 순장을 당한 사람은 자발적이었을까, 강제적이었을까? 정확히 추정하기는 힘들지만, 아마도 지위가 높은 사람은 가족의 행복을 위하여 자발적으로 죽음을 택했을 가능성이 높다. 반면에 주인을 모시던 노예들은 강제적으로 순장을 당하지 않았을까 예상된다.

이후 순장은 노예의 노동력과 처첩 등의 인격이 중요하게 여겨지면서 차츰 없어지고 흙으로 만든 인형(토용, 土俑)을 대신해 묻었다. 진시황의 무덤에서 대량으로 나온 토용의 무덤에서 예를 찾을 수 있다.

옥저(沃沮)에는 골장제라는 장례 풍속이 있었다. 사람이 죽으면 모두 가매장했다가 시체가 썩은 뒤 뼈를 취해서 곽에 넣는 장례 방법이었다.

국가	위치	제천 행사	풍습
부여	송화강 유역	영고	순장, 흰옷을 입음, 1책 12법
고구려	동가강 유역	동맹	데릴사위제, 무예숭상
옥저	함흥평야		민며느리제, 가족 공동묘(골장제), 어물과 소금 풍부
동예	원산만 일대	무천	족외혼, 책화 (다른 부족의 땅을 함부로 침입하지 못함)
삼한	한반도 남부	단오, 상달	소도(제정분리 사회), 벼농사, 변한(철)

12. 추수 감사제의 유래

→ 한 해 동안 농사를 지으면서 도와준 이웃과 조상신에 대한 감사의 뜻을 펴기 위해 축제를 벌인 것이다. 곧 부여의 영고(迎鼓), 고구려의 동맹(東盟), 동예(東濊)의 무천(舞天)과 삼한 지방에서 행해진 10월 상달의 행사가 있다.

오늘날 교회에서 11월 셋째 주 일요일이면 추수 감사제라고 하여 큰 행사를 하고 있다.

원래 추수 감사제는 종교 박해를 피해 미국으로 건너간 청교도들이 1621년에 첫 수확을 기뻐하면서 자신들을 도와준 인디언들에게 감사의 뜻을 표시하기 위하여 실시했던 행사였다.

우리나라에서의 추수 감사제로는 추석(秋夕)을 들 수가 있다. 추석은 한 해 동안 지은 농사의 첫 수확물을 풍년을 맞게 도와준 조상들의 은덕에 감사하는 뜻으로 제를 올린 것이다. 추석은 원래 초기 국가에서 유래된 것이다. 우리나라의 초기 국가는 부여와 고구려, 옥저와 동예, 그리고 삼남 지방의 삼한(마한, 진한, 변한)을 말한다. 이들 국가는 농업이 주된 산업이었다.

한 해 동안 농사를 지으면서 도와준 이웃과 조상신에 대한 감사의 뜻을 펴기 위해 축제를 벌인 것이다. 곧 부여의 영고(迎鼓), 고구려의 동맹(東盟), 동예의 무천(舞天)과 삼한 지방에서 행해진 10월 상달의 행사가 있다.

제천 행사는 하늘이나 시조신에게 제사를 지내면서 일 년 동안 나라가 평안하고, 농사가 풍년이 된 것에 대하여 감사를 드리는 일종의 추수 감사제이며 백성들을 단결시키는 기회이기도 하였다. 이는 왕과 귀족들, 그리고 백성들까지도 모두 모여 노래하고 춤추며 먹고 마시며 즐기는 행사였다. 또한 백성들의 힘을 하나로 모으기 위한 일종의 결속 행사라고 할 수 있다. 고구려에서는 동맹 때에 주몽의 어머니인 유화와 주몽에게 제사를 지냈다.

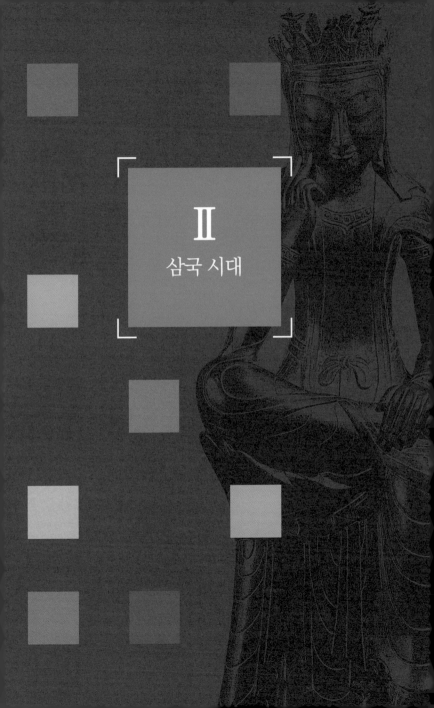

II

삼국 시대

1. 고구려, 신라, 가야의 난생설화

→ 태양은 둥글며, 둥근 모양을 한 알에서 시조가 태어났다고 하는 것은
  정착민에게 선민사상을 나타낼 수 있는 좋은 본보기이기에 난생설화가
  주류이다.

고구려

부여왕 해부루(解夫婁)는 아들이 없어 이름난 산을 찾아다니며 기도하
였다.

"신이시여, 저에게 아들을 낳을 수 있도록 해주십시오."

산에서 기도를 마치고 돌아오는 중에 해부루가 탄 말이 곤연에 이르
렀는데, 큰 돌을 보고 말이 눈물을 흘렸다. 왕이 이상하게 생각하여 사
람을 시켜 그 돌을 굴려 보니 개구리처럼 생긴 금빛 어린아이가 있었다.
왕이 기뻐서 말했다.

"하늘이 나에게 주신 아들이구나!"

해부루는 아이를 궁궐로 데려와 키우기로 하였다. 아이가 금빛 개구리
를 닮았다고 하여 이름을 '금와(金蛙)'라 하였고, 후에 태자로 삼았다.

어느 날 부하 아란불이 말했다.

"하느님이 저에게 내려와 '장차 내 자손으로 하여금 나라를 여기에
세우려 하니 너는 여기서 피하라! 동쪽 바닷가에 가섭원이라는 곳이 있
는데 땅이 기름져서 곡식을 가꾸기에 좋으니 서울로 정할 만하다.'고 하
였습니다. 대왕께서 가섭원으로 서울을 옮기는 것이 좋을 것 같습니다."

아란불이 왕에게 권하자 가섭원으로 서울을 옮기고, 나라 이름을 동
부여라 하였다. 옛 서울 북부여에는 하느님의 아들 해모수(解慕漱)라는

사람이 와서 그곳에 도읍을 정하였다. 해부루가 죽자 금와가 왕위를 이었다.

물의 신 하백(河伯)의 딸인 유화 부인이 하느님(천제)의 아들이며 북부여의 임금인 해모수와 사랑을 나누다가 아버지에게 쫓겨났다. 유화 부인은 태백산에 머물고 있었는데 이것을 이상하게 생각한 동부여의 왕인 금와에게 잡혀 방에 갇히게 되었다.

부인이 갇혀 있는 방으로 강한 햇빛이 비치더니 부인은 곧 임신을 하여 큰 알을 낳았다. 금와 왕은 그 알을 개와 돼지에게 주었으나 짐승들은 이를 먹지 않았으며, 길에 버려도 소나 말이 피해 다녔고, 들판에 버리니 새들이 날개로 덮어주었다. 금와 왕은 알을 깨려 하였으나 깨지지 않자 어쩔 수 없이 알을 유화 부인에게 돌려주었다.

유화 부인은 알을 따뜻한 곳에 보관하였다. 얼마 후 알에서 남자아이가 태어났는데 자라면서 무예에 뛰어났다. 7세에 활과 화살을 만들어 쏘자 백발백중이었다. 부여 사람들은 활을 잘 쏘는 사람을 '주몽'이라 부르니, 남자아이의 이름이 주몽이 되었다.

신라

신라가 건국되기 이전에 지금의 경상남·북도에는 진한(辰韓)이라는 성읍 국가가 있었다.

진한에는 여섯 마을이 있었고, 마을마다 마을의 우두머리인 촌장이 있어, 마을을 다스리고 있었다.

첫째 마을은 알천(閼川) 양산촌(楊山村)으로, 우두머리는 알평(謁平)이다.

둘째 마을은 돌산(突山) 고허촌(高墟村)으로, 우두머리는 소벌도리(蘇伐都利)이다.

셋째 마을은 무산(茂山) 대수촌(大樹村)으로, 우두머리는 구례마(俱禮馬)이다.

넷째 마을은 자산(觜山) 진지촌(珍支村)으로, 우두머리는 지백호(智伯虎)이다.

다섯째 마을은 금산(金山) 가리촌(加利村)으로, 우두머리는 지타(只他)이다.

여섯째 마을은 명활산(明活山)으로 일명 고야촌(高耶村)이었는데, 우두머리는 호진(虎珍)이다.

이들은 큰일이 있을 때는 서로 힘을 합쳐 공동으로 대처하는 등 사이 좋게 지내고 있었다. 그러다가 기원전 69년 3월 초하룻날 6부의 우두머리들은 알천(閼川) 냇가에 모여 회의를 하였다.

"우리는 각기 제 마음대로 마을을 다스리기 때문에 질서가 잘 잡히지 않고 있습니다. 덕 있는 분을 찾아내어 우리들의 임금으로 삼아 6부를 하나로 합쳐 다스리도록 합시다."

6부 촌장들이 이 같은 의견을 내어 회의를 하고 있는데 마침 알천 냇가의 남쪽 끝 양산 기슭에 이상한 기운이 나타났다. 그들이 놀라 산으로 올라가 보니 밝은 빛과 같은 그 신비스러운 기운은 무지개와도 같은 모습으로 나정이라는 우물곁으로 드리워져 있었고, 눈처럼 흰 백마가 자줏빛 커다란 알을 향해 절을 하고 있다가 사람들을 보더니 길게 소리쳐 울고는 하늘 높이 날아가 버렸다.

촌장들이 알을 깨어 보니 놀랍게도 생김새가 단정하고 아름다운 사내아이가 나왔다. 놀랍고 신기해서 그 아이를 우선 동천 샘에 데리고 가서 몸을 씻기니 아이의 몸에서 광채가 나고 그 빛을 본 새와 짐승들이 모여들어 흥겹게 춤을 추었고, 해와 달빛은 더욱 밝고 깨끗해졌다. 그래서 사람들은 '밝게 세상을 다스리라.' 하여 이름을 혁거세(赫居世)라고 지었다. 여섯 마을의 촌장들은 하늘이 내린 경사라고 매우 기뻐하였다.

그리고 얼마 후, 알영정이라는 우물가에 한 마리 거대한 용이 나타나더니, 왼편 옆구리로 무엇을 낳아 놓고는 하늘로 올라가 버리는 것이었다. 촌장들이 달려가 보니 어여쁜 여자아이가 있었다. 그런데 그 여자아이의 입술이 마치 닭의 부리처럼 뾰족하게 생긴 것이 이상하였다. 촌장들은 우선 아이를 목욕시키기 위해 월성 북쪽의 시냇가로 데리고 갔다. 깨끗한 물로 아이를 목욕시키니, 그 괴상한 부리가 빠지면서 앵두같이 예쁜 입술이 나타났다. 그 후로 사람들은 부리가 빠졌다 해서 그 냇물의 이름을 발천(跋川)이라 부르게 되었다.

여섯 촌장들은 힘을 합쳐 남산 서쪽에다 궁궐을 짓고 하늘이 내린 두 갓난아이를 정성껏 길렀다. 사내아이는 박같이 생긴 알에서 태어났다고 해서 성을 박씨로 붙여 주었고, 여자아이는 용이 나왔던 우물 이름을 따서 '알영(閼英)'으로 정해주었다.

두 아이는 총명하게 자랐다. 그리하여 촌장들은 다시 모여 기원전 57년에 13세인 혁거세를 왕으로, 알영을 왕후로 추대하고, 국호를 서나벌(徐那伐)이라 하였다. 기원전 41년에 혁거세가 알영 부인을 동반하여 6부를 순행하면서 백성들에게 농사와 양잠을 권장하여 생산에 힘쓰니 백성들이 이들을 2성(二聖)이라 칭송하였다. 기원전 37년에 서울에 성(城)

을 쌓아 이름을 금성(金城)이라 하고 기원전 32년에 금성에 궁궐을 지었다. 혁거세는 임금이 된 지 61년 되던 해에 사망하였다.

가야

김수로왕이 어떻게 태어나 가락국(금관가야)을 다스렸는지에 대해서는 《삼국유사》의 〈가락국기(駕洛國記)〉에 다음과 같이 전해진다. 세상이 열린 이후로 가락 지역(지금의 경상남도 김해 지역)에는 아직 나라가 없어서 왕이나 관리가 없었다.

수로왕릉

그런데 어느 날 구지봉 쪽에서 이상한 소리가 들려왔다. 사람들이 구지봉으로 달려가자 소리가 더욱 뚜렷해졌다. 그것은 '거북아, 거북아, 머리를 내놓아라. 내놓지 않으면, 구워서 먹겠다.' 라는 노래를 부르고 춤을 추면 임금을 만날 것이라는 내용이었다. 사람들은 기꺼이 이 말을 따랐다.

얼마 뒤 하늘에서 자주색 끈에 붉은 보자기에 싸인 금빛 상자가 매달려 내려왔다. 상자 안에는 해처럼 둥근 황금빛 알 여섯 개가 있었다. 사람들은 놀랍고 기뻐서 알을 향해 수없이 절을 한 뒤, 부족장 가운데 하나인 아도간의 집 탁자 위에 두었다. 13일째 되던 날, 금빛 상자를 열자 여섯 명의 사내아이가 있었다. 아이들은 잘 자라 키가 9척이나 되고 신비

사슴장식 구멍단지(가야) [허가번호 : 중박 200906-231]

롭고 빼어난 용모를 지녔는데, 금빛 알에서 나왔다고 해서 성을 김이라 하고, 가장 먼저 태어난 아이는 수로라고 불렀다.

새로운 지역에서 새로운 나라를 세우려는 사람들은 정착민에게 특별한 것을 보여주어야 한다. 그 중에서 가장 대표적인 것이 자신이 태양의 아들로서 하늘로부터 선택을 받았다는 '선민(選民)사상' 이다.

태양 숭배 사상은 이 세계가 3층으로 생겨서 상층의 광명계에는 빛과 더운 기운의 태양이 최고 주재신(主宰神)으로서 여러 아들과 많은 선신들을 데리고 있고, 하층인 암흑계에는 귀신이라는 악성의 정령(精靈)이 들어 있으며, 그 중간에 인간세상이 있다고 생각했다. 선민사상이 겉으로 나타나는 것은 태양이다. 태양은 둥글며 둥근 모양을 한 알에서 시조가 태어났다고 하는 것은 정착민에게 선민사상을 크게 나타낼 수 있는 좋은 본보기이다. 그리하여 대부분의 시조들은 알에서 태어났다는 난생설화(卵生說話)가 배경인 것이다.

2. 율령과 불교의 수용은 고대 국가가 완성

→ **통치 체제가 정비되면서 나라의 격식을 갖춘 율령이 반포되었으며, 백성들의 사상을 통합하기 위해 불교를 수용하였다.**

국가의 발전 과정은 청동기 시대의 군장 국가, 철기 시대의 연맹 왕국, 그리고 고대 국가로 발전되었다.

고대 국가는 부족장 중심의 연맹 왕국보다 왕권이 강화되는 중앙집권 국가였다. 중앙집권 국가는 왕권이 강화되고, 통치 체제가 정비되면서 나라의 격식을 갖춘 율령(律令)이 반포되었으며, 백성들의 사상을 통합하기 위해 불교를 수용하였다. 또한 국가 재정을 확보하기 위한 영토와 백성들을 얻기 위한 싸움이 치열하여 활발한 정복 활동을 통한 영토 확장에 노력하였다.

고대 국가 체제 정비는 고구려(2세기 태조왕) − 백제(3세기 고이왕) − 신라(4세기 내물왕)의 순으로 발전하였다. 국가 체제가 정비된 후에 형벌 규정과 행정 조직, 그리고 세금 제도 등을 규정한 율령이 반포되었다. 율령은 중국과 교류가 활발했던 백제에서 가장 먼저 발표하였는데 고이왕 때였다. 고구려는 소수림왕(4세기), 신라는 법흥왕(6세기) 때에 각각 발표를 하였다.

체제가 안정되면서 백성들을 통합할 종교가 필요했다. 불교가 들어오기 전까지 우리나라는 각기 다른 토템 신앙을 가지고 있어서 백성들을 결집시키기가 어려웠다. 그리하여 종교로 불교를 받아들인 것이다. 불교의 수용으로 삼국은 각기 백성들의 정신적 통일을 이루고, 왕권을 강화하는 바탕이 되었다.

가야는 5백 년이 넘게 존재한 국가인데, 왜 그 시대를 고구려, 백제, 신라만 쳐서 삼국 시대라고 할까?

▶ 가야를 병합한 신라 중심으로 역사를 서술했기에 그 과정에서 빠졌다. 옛날 왕조 시대의 역사관은 지금과 달라서 민족이나 영토 개념보다는 왕족, 왕실, 왕가를 더 내세웠는지도 모른다. 그리고 중앙집권 국가가 완성되지 못하고 연맹 왕국에 머물렀기 때문이다.

수로왕릉의 쌍어문

중학교 국사 교과서에는 '가야'에 관한 설명이 3쪽에 불과하다. 김해의 금관가야와 고령의 대가야가 존속했던 기간이 무려 500년이 넘는데 왜 이렇게 설명하고 있으며, 분량도 턱없이 적을까?

《한국 민족 문화 대백과사전》을 보면 삼국 시대를 '신라가 건국한 기원전 57년부터 고구려가 멸망한 668년까지의 약 700년간'을 말한다고 밝히고 있다. 이 논리라면 가야는 서기 42년에 건국해 562

년에 신라에 망했으니 삼국 시대 700년 기간 중의 520년 동안이나 존속했던 엄연한 독립 국가였다. 그 영토 또한 백제와 신라에 못지않았다.

고려가 건국된 뒤 경주 출신 김부식(金富軾)은 신라를 삼국의 정통 국가로 보고 모든 역사를 신라 중심으로 서술했다. 그러다 보니 신라가 병합한 가야를 원래 신라사의 한 흐름으로만 보았던 것이다. 물론 이러한 사관(史觀)을 사대사관이니 뭐니 하고 김부식을 나무랄 수만은 없다. 왜냐하면 왕조 시대의 사관이라는 것은 민족이나 영토는 개념으로 삼지 않고 오로지 왕실, 왕가를 중심으로 모든 사실을 해석하고 풀이했기 때문이다. 그러므로 오늘날 민족과 영토를 가장 크게 생각하는 역사관과 충돌하는 것은 당연하다. 따라서 오늘날에는 김부식의 생각이 어떠했든 삼국 시대라고 그 시대를 다시 정의하면 되는 것이다.

김부식을 변호할 의도는 전혀 없지만, 예를 들어 조선 시대만 해도 여진족 추장 누르하치(Nurhachi)가 여진 땅을 조선의 영토로 편입하고 자신에게 그 지역을 다스리는 조선의 관직을 내려 달라고 부탁한 적이 있었으나 조선은 그 요청을 묵살했다. 왜냐하

가야 이형토기 [허가번호 : 중박 200906-231]

가야 그릇받침 [허가번호 : 중박 200906-231]

면 여진 땅은 농사가 잘 되지 않고 땅이 척박해서 거두어들일 세금이 없었기 때문이다. 그렇기에 영토 가치를 제대로 인정하지 않았던 것이다.

가야에 관한 기록은 《삼국유사》의 '5가야' 부분과 〈가락국기〉 분으로 다른 문헌에도 나타나는 것이 없다. '5가야'에는 5가야의 이름이 나와 있고, 〈가락국기〉에는 수로왕의 탄생과 즉위, 가야의 건국, 수로왕과 허 황후의 결혼, 제도의 정비와 문무왕이 수로왕의 제사를 모신다는 내용만으로 이루어졌다. 고구려, 백제, 신라만큼 다양한 기록이 보이지 않아 설명할 근거가 적다는 것이다.

또한 가야는 다른 세 나라에 비하여 발견되는 유물이 적었기 때문에 베일 속의 국가로 가려지게 되었던 것이다.

이러한 이유에서 가야에 관한 교과서의 서술 내용이 적고, 사국 시대가 아닌 삼국 시대로 계속 불렸던 것이다. 그러나 고대 국가가 성립되는 초기에는 오히려 가야가 신라보다 강했으리라 추측할 수 있다.

신라는 소백산맥에 가로막혀 외부와의 접촉이 거의 없어서 4세기 후반인 내물왕(奈勿王, 재위 356~402) 때에 이르러 겨우 국가의 기틀을 마련했다.

고대 국가는 대개 철기 문화를 바탕으로 정복 국가로 발전했는데, 가야는 변한 시대부터 이어져 온 풍부한 철 생산을 바탕으로 철기 문화를 꽃피웠으며, 이러한 다양함과 우수함은 신라는 물론 백제도 따르지 못할 정도였다. 그리고 바다 건너 일본 열도의 고대 국가 형성에 결정적인 영향을 주었다. 특히 무사가 쓰는 철제 투구와 갑옷, 큰 칼, 전투용 말을 보호하기 위한 말 투구, 말 갑옷 등은 당시 가야가 얼마나 높은 수준의 군사력을 가졌는지를 잘 보여주는 사료이다.

이 가야는 영남 지역과 남해안 일부에 6가야가 자리 잡고 있었다. 6가야는 금관가야(김해), 아라가야(함안), 고령가야(진주), 대가야(고령), 성산가야(성주), 소가야(고성)의 연맹체로서, 그 중 김해 지방에 있던 금관가야와 고령 지방의 대가야가 가장 큰 세력을 이루었다.

그러나 가야국에는 상호 간의 통합을 이룰 수 있는 강력한 국가가 나타나지 못했으며, 연맹의 분열을 통일하고자 하는 노력이 부족하여 강력한 고대 국가를 형성하지 못한 채 일찍부터 해외로 진출하다가 후진국이었던 신라에 의해 멸망하게 된다. 금관가야는 법흥왕 때에, 대가야는 진흥왕 때에 멸망하고 만다.

지금까지 살펴본 바에 따르면 가야는 강대국이었음이 틀림없으나 자료와 연맹 국가라는 한계로 사국 시대에서 물러나 있다. 그러나 계속되는 유물의 발견으로 가야의 실체가 점점 드러나고 있으며, 또한 연맹 국가는 지방 자치제로 본다면 사국 시대로 그 용어를 바꿔서 불러야 할 것이다.

3. 역사책의 편찬 이유

→ 자신의 치적을 백성들에게 널리 알려서 위엄을 과시하려는 것과 역사가 반복된다는 원리에 따라 본보기로 삼기 위함이었다.

우리나라는 오래전부터 역사책을 편찬하였다. 삼국 시대부터 편찬된 역사책은 조선 시대에 편찬된 《조선왕조실록(朝鮮王朝實錄)》에서 그 결실을 보게 되었다.

역사책을 편찬하게 되는 이유는 자신의 치적을 백성들에게 널리 알려서 위엄을 과시하려는 것과 역사가 반복된다는 원리에 따라 본보기로 삼기 위함이었다.

역사책을 처음으로 펴낸 나라는 고구려이다. 고구려는 《유기》 100권을 편찬하였으며, 광개토 대왕(廣開土大王) 때에는 장사(壯史)라는 관리를 두어 역사를 기록하게 하였다. 수나라의 백만 대군을 무찌른 후 백성들에게 임금의 위엄과 고구려 백성의 자부심을 불어넣기 위하여 이문진(李文眞)으로 하여금 《신집(新集)》 5권을 편찬하게 하였다.

백제는 전성기인 근초고왕(近肖古王) 때 고흥(高興)으로 하여금 《서기(書記)》를 편찬하게 하였으며, 신라에서도 전성기인 진흥왕(眞興王) 때 거칠부(居柒夫)로 하여금 《국사(國史)》를 편찬하게 하였다.

통일 신라 시대에 이르러 개인에 의한 역사책의 편찬이 활발해졌는데, 성덕왕(聖德王) 때의 김대문(金大問)이 지은 《고승전(高僧傳)》, 《계림잡전(鷄林雜傳)》, 《화랑세기(花郞世紀)》, 《한산기》 등이 있다. 《계림잡전》은 정치사이고, 《화랑세기》는 화랑의 열전이며, 《고승전》은 승려의 전기, 《한산기》는 김대문이 한산주 장관으로 있었던 경험을 토대로 한 지리지인 것으로 추측된다.

고려에 들어와 태조 왕건부터 목종까지의 실록(實錄)을 편찬하였다는 기록이 있는 것으로 미루어 보아 실록 편찬 사업이 말기까지 계속되지 않았을까 추정된다.

고려 시대에 역사 편찬의 두드러진 업적은 바로 삼국 시대의 역사를 정리한 《삼국사기》와 《삼국유사》이다. 김부식이 지은 《삼국사기》는 사대적이라는 비판을 받고 있지만 최근의 경향은 오히려 우리 역사를 자주적으로 보았다고 평가받고 있다. 단지 《삼국유사》에 비하여 보수적이라고 할 수 있다. 특히 초기의 역사에 대하여 신빙성이 부족하다고 했으나 최근에 발굴되는 초기 삼국 시대의 유물로 실증적 서술이 이루어졌음을 보여주고 있다.

일연(一然)이 지은 《삼국유사》는 《삼국사기》의 부족한 면을 보완해준다는 의미가 있다. 《삼국유사》는 일연이 몽고의 침입에 맞서 우리 조상의 시원(始原)인 '단군신화'를 밝힌 것이 가장 두드러진 특징이라고 하겠다.

조선 시대에 들어와 이전 시대의 역사인 고려를 정리한 《고려사(高麗史)》와 《고려사절요(高麗史節要)》가 나왔다. 비록 승리자 중심의 역사이다 보니 고려 말기에 대한 신빙성이 문제가 되고 있지만 이전의 사료를 종합적으로 분석하고 정리한 수준 높은 역사서이다.

조선 시대의 대표적인 역사책은 《조선왕조실록》으로 춘추관과 승정원에서 작성한 기록을 바탕으로 임금이 죽은 후에 만들어졌다. 특히 주서(注書)가 작성한 《승정원일기(承政院日記)》는 임금의 하루 일상을 파악하는데 중요한 자료가 된다. 주서란, 왕명의 출납을 담당하고 있던 승정원의 정7품 관원이다. 승정원의 승지가 정책 결정에 참여하는 고위관직이라면, 주서는 그 밑에서 문서를 작성하던 행정 실무자였다. 주서의 가장 중요한 임무가 《승정원일기》의 작성이었다.

《조선왕조실록》은 임진왜란 이전에는 서울 춘추관, 충주, 성주, 전주에 사고(史庫)를 두어 보관하다가 임진왜란으로 전주 사고를 제외한 나머지 사고가 모두 소실되었다. 임진왜란 이후에는 실록의 안전한 보관을 위하여 사고를 한 곳 더 늘려 보관하였다. 그리하여 서울 춘추관과 태백산, 오대산, 정족산, 적상산에 보관하였다. 나라에서는 보다 더 안전하게 보관하기 위하여 사고 옆에는 사찰을 지어 스님으로 하여금 지키게 하였다.

조선 후기에 들어서서 일어난 실학은 우리 역사를 바로 보기 위한 역사 편찬 작업으로 이어졌다. 특히 유득공(柳得恭)은 《발해고(渤海考)》를 지어 통일 신라와 발해의 시대를 '남북국 시대'라는 새로운 용어를 사용하였다. 안정복(安鼎福)은 《동사강목(東史綱目)》을 지어 주체적인 우리 역사를 서술하였으며, 한치윤(韓致奫)도 《해동역사(海東繹史)》를 지었다.

대한제국 말기에는 우리 역사의 주체성을 높이기 위한 민족주의사관이 눈에 띈다. 민족주의사관은 우리나라 역사의 좋은 점을 부각시켜 국민들에게 자부심과 긍지를 심어주기 위한 역사 연구 방법으로 신채호(申采浩)와 박은식(朴殷植)이 대표적이다. 신채호는 《조선 상고사(朝鮮上古史)》와 《조선사 연구초》, 그리고 강대국의 침입을 받고 있는 백성들에게 희망을 불어넣기 위해 《이태리 건국 삼걸전》, 《을지문덕전》 등을 남겼다. 박은식은 《한국독립운동지혈사》와 《한국 통사(韓國痛史)》를 남겼다. 특히 《한국 통사》는 나라를 일본에 빼앗겼기에 역사가 원통하고 아프다는 의미에서 '통사(通史)'가 아닌 '통사(痛史)'로 서명(書名)을 정한 것이다.

정인보(鄭寅普)는 《5천 년간 조선의 얼》에서 조선 역사는 '단군이 나라를 세운 이래 5천 년간 이어져 온 정신'에서 찾았으니, 곧 '얼의 역사'임을 강조했다. 또한 우리나라와 관련된 역사·지리·국어를 통틀어 '국학'이라고 하였으며, 국학 연구의 기초를 '실학'에서 찾았다. 1946년 우리 역사를 모르는 국민에게 바른 역사를 알리고자 《조선사 연구》를 펴냈다.

손진태(孫晉泰), 이병도(李丙燾) 등은 진단 학회(震檀學會)를 만들어 「진단 학보」를 발간하면서 우리 역사 연구에 힘썼다.

? 알고 넘어가기

실록 편찬의 과정

▶ **《조선왕조실록》은 임금이 세상을 떠나면 다음 왕이 즉위하면서 실록청을 개설하여 전 왕대의 여러 기록을 수집해 편찬한 것이다.**

조선을 건국한 태조(太祖)의 실록은 태종(太宗) 9년(1409)에 태조가 죽은 지 1년 후에 태종이 하륜(河崙)에게 《태조실록(太祖實錄)》의 편찬을 명함으로써 편찬이 시작되었다. 실록을 편찬할 때에는 춘추관(春秋館) 내에 임시로 실록청 혹은 찬수청이 설치되고, 영의정이나 좌의정·우의정을 책임자(총재관이라 함)로 삼고 대제학과 글재주가 뛰어난 사람을 뽑아서 도청 및 각 방의 당상(堂上)으로 임명하였다.

방은 보통 3방으로 조직하지만, 재위 기간이 긴 임금일 경우에는 6방까지 조직하였다. 실록을 편찬하는 기본 자료는 시정기와 사관의 사초이다. 기타 해당 왕의 재위 기간 동안 각 관청의 기록인 《각사등록》·《승정원일기》 등 각 개인의 일기·문집도 참고 자료로 이용되었으며, 조선 후기에는 《비변사등록(備邊司謄錄)》·《일성록(日省錄)》도 자료로 사용되었다.

실록 편찬의 관리들은 이들 자료를 수집하여 연·월·일 순으로 분류한 다음 편년체 형식의 실록을 처음 작성하여 도청에 넘긴다.

도청에서는 낭청에서 작성한 초초(初草) 가운데 사실과 다른 부분을 고치거나 보충하여 2차 원고인 중초(中草)를 만든다. 중초를 바탕으로 총재관과 도청당상이 실록을 전체적으로 읽어보면서 통일된 문장과 형식을 갖추면서 수정하거나 첨가하여 최종본인 정초(正草)를 만들었다. 이 정초본을 인쇄하여 사고에 봉안하게 되었다. 이때 실록의 기본 자료로 이용한 사초나 초초·중초·정초는 모두 물에 씻어 없애는데 이것을 세초(洗草)라고 한다. 세초는 실록 편찬에 쓰이는 종이를 재활용하기 위한 작업이었다.

《조선왕조실록》은 중국이나 일본의 실록이 필사본인데 비하여 금속 활자 또는 목 활자로 인쇄하였다. 이는 중국이나 일본이 한두 질을 보관하는데 비하여 조선은 네댓 곳에 보관했기 때문이다. 이를 인쇄하면서 질 좋은 종이와 인쇄술이 이용되었기에 우리나라의 인쇄술과 종이가 발달하는 계기가 되었다.

태조 어진

4. 우리나라의 해외 식민지

→ **일본이 그 효시로, 일본은 백제가 건설한 최초의 식민지다.**

근초고왕은 백제의 제13대 왕으로서 일명 초고왕(肖古王)이라고 한다. 비류왕(재위 304~344)의 둘째 아들로 태어나 346년에 왕위에 오른 뒤 369년에 마한(馬韓)과 대방(帶方)을 병합하고, 371년에는 고구려를 공격하여 고국원왕(故國原王)을 죽였다. 이 시기가 백제의 전성기로 경

백제 전기의 토성인 몽촌토성

기와 충청, 전라도 일부와 강원도와 황해도의 일부를 차지했다. 문화적으로 높은 업적을 쌓아, 중국의 남조 문화를 수입해 왕인(王人)과 아직기(阿直岐)로 하여금 이 문화를 일본에 전해주게 했으며, 박사인 고흥(高興)에게 백제의 국사(國史)인 《서기(書記)》를 쓰게 하였다.

한마디로 근초고왕은 대외적으로 세력을 확장하는데 힘을 기울인 임금이다. 중국의 《송서(宋書)》 〈백제전〉에 '백제는 본래 고구려와 함께 동쪽 천여 리 지점에 있었는데 고구려가 요동을 점령하자 백제는 요서를 점령하고 진평군 진령현에 그 관리소를 두었다.'고 기록되어 있다. 또한 《양서(梁書)》 〈백제전〉에도 '백제가 고구려에 대응하기 위해 요서와 진평이라는 두 군을 차지한 뒤 그것을 백제군이라 했다.'고 기록되어 있다. 그리고 《자치통감(資治通鑑)》효종, 목종(穆宗) 왕의 기록에는 '전연(前燕)의 수도에 강제로 옮겨진 고구려와 백제의 사람들이 너무 많아서 걱정된다.'고 기록되어 있다.

이때 백제는 거대한 해상 세력권을 형성했으며 이를 통해 많은 국가 이익을 차지했다. 이 해상 세력권은 우리 민족이 외국에 진출하여 개척한 식민지라고 할 수 있다.

식민지라고 하면 흔히 그 지역의 주권이 원주민에게서 다른 나라로 넘어간 지역을 가리키는 말로써, 식민을 다스리는 국가에서는 주로 지배 민족의 이동이나 총독부의 설치, 세금 징수 등과 같은 일을 했다. 그러나 이와 같은 착취 식민지는 산업혁명 이후에 나타나는 식민지로, 물건의 대량 생산에 따른 원료 공급지와 상품 판매 시장이 필요했기 때문이다.

그러나 백제가 개척한 랴오시(遼西, 요서)와 산둥(山東, 산동), 일본의 큐슈는 앞에서 설명한 착취 식민지와는 사뭇 다르다. 당시는 모두 이주 식민지로서 본국의 사회를 그대로 이주시키는 형태였다.

근초고왕 때 형성된 이러한 식민지는 백제와 일본의 문화 발달에 크게 기여했다. 불교가 이러한 식민지의 해상로를 따라 백제와 일본에 전해져 왕권 강화의 기초가 되었으며, 군사적인 기반을 확고히 하는 데도 크게 이바지했다. 그러나 근초고왕이 죽고, 곧이어 고구려가 평양으로 천도(遷都)하면서 남진 정책을 펴자 백제는 점차 쇠퇴하게 되었고, 해상 세력권도 잃게 되었다.

5. 한강 유역의 중요성

→ 한강은 인적·물적 자원이 풍부하며 대중국 교통로에 위치하고 있었다.

한강은 한반도의 중심에 위치하고 있다. 더구나 한강 주변에는 평야가 발달하여 물적 자원이 풍부하여 많은 인구가 몰려 있다. 인구가 많다고 하는 것은 세금을 거둘 수 있는 기초가 되어 나라의 재정을 안정시키는 중요한 발판이 될 수 있다.

중원 고구려비

그리고 바다를 통해 중국과 교류하기에 적합한 위치에 있다. 중국은 삼국보다 문화와 경제가 발달하여 선진문화를 가지고 있는 나라였다. 삼국에서 가장 앞서나가기 위해선 선진문화를 받아들여야 하는데, 중국과 교류하기 가장 좋은 위치가 바로 한강이었던 것이다. 이 때문에 한강은 삼국 간에 주도권 다툼이 치열하였다. 그래서 한강을 차지한 나라가 삼국의 주도권을 잡았다.

가장 먼저 한강을 차지한 나라는 백제이다. 원래 한강에서 건국한 백제는 황해를 통해 중국과 교류하면서 삼국 중에 가장 먼저 국가 체제를 정비하고 율령을 반포할 수가 있었다. 특히 한강과 황해를 잇는 바닷길은 백제를 해외로 눈을 돌리게 하여 중국의 랴오시 지방과 산둥 반도, 그리고 일본의 큐슈를 연결하는 고대 상업 세력권을 형성하였으니, '동아시아의 허브'라고 할 수 있다.

백제의 뒤를 이어 한강을 차지한 나라는 고구려이다. 고구려의 장수왕(長壽王)은 수도를 평양으로 천도한 후에 남진 정책을 펼쳐나갔다. 백제의 개로왕(蓋鹵王)을 죽인 후 한강을 차지한 고구려는 중국의 남조와 교류하면서 북조를 견제하는 한편, 선진문화를 받아들이고 중국과 대등한 위치로 나라를 발전시켰다. 장수왕이 한강을 차지했음을 알려주는

단양 적성비

북한산 순수비 [허가번호 : 중박 200906-231]

유물은 중원에 있는 고구려 비석이다.

신라는 고구려의 남진 정책에 대비하여 백제와 나·제 동맹을 맺었

한강 차지 순서

4C

5C

6C

다. 나·제 동맹으로 성왕(聖王)이 차지한 한강을 진흥왕이 다시 차지했다. 진흥왕은 한강을 차지한 기념으로 단양 적성비와 북한산 순수비를 세웠다. 진흥왕은 한강을 통한 대당 외교를 펼치고 인적·물적 자원을 확보함으로써 삼국 통일의 기반을 다지는 계기를 만들었다.

삼국 통일의 기반을 다진 신라의 왕은 누구일까?

▶ **진흥왕은 한강을 차지하여 인적·물적 자원을 확보하고, 중국과의 교통로를 열어 통일의 기반을 다졌다.**

신라는 우리나라의 동남쪽 구석진 곳에 자리 잡아 산업이나 교통 등 모든 것이 불편하였고, 또 넉넉하지도 못하였다. 더구나 북쪽에는 소백산맥이 가로막고 있고, 언제나 고구려와 백제가 침략하여 왔으므로 그 세력에 눌려서 좀처럼 기세를 펴지 못하고 지내는 형편이었다.

당시의 국제 정세를 보아도 신라가 가장 급하게 여긴 것은 어떻게 해서든지 인구와 물자가 풍부한 중국과 직접 외교관계를 맺는 것이었다. 중국의 발달된 문물을 받아들여 나라의 힘을 강력하게 키우기 위하여 한강을 차지하는 일이 우선이었다. 그리고 나라의 힘을 어느 정도 키운 후에는 삼국 통일을 이루어야겠다는 야심을 가지고 있었다. 이러한 신라의 오랜 숙원을 해결한 사람이 바로 진흥왕(眞興王)이다. 지증왕(智證王)의 손자요, 법흥왕(法興王)의 동생인 갈문왕 입종(立宗)의 아들로 법흥왕 21년(534)에 태어나, 7세 되던 해에 왕위에 올랐다. 처음에는 태후인 왕의 어머니로 법흥왕의 딸인 식도부인(息道夫人)이 섭정을 하였으나, 자신의 입지를 강화한 후에 직접 정치를 하면서 평소에 뜻을 두고 있던 국력을 기르는 바탕을 마련하는데 온 힘을 결집시켰다. 대표적인 것이 바로 화랑도(花郎徒)의 결성이다. 그런데 이 화랑도는 이전에도 있었던 제도이나 조직적으로 편성되고 신라 사회의 발전을 추진하며 국력을 기르는 튼튼한 기반으로 제도화된 것은 진흥왕부터의 일이다. 즉 화랑도가 실제로 활동면에서 나타난 것은 진흥왕 27년(566)에 신라가 고령가야를 치는 전쟁에서 용맹을 날린 화랑 사다함(斯多含)을 통해서 추측할 수가 있다.

화랑도는 유교·불교·선사상의 3교의 진리를 모두 다 포함한 청소년 교육 단체이다. 이들은 자신들이 지켜야 할 지침을 원광법사에게 요청하여 세속 오계(世俗五戒)의 가르침을 받게 되었다. 이는 첫째 임금을 섬기되 충성으로써 섬기고[사군이충, 事君以

忠), 둘째 부모님은 효로써 모시며[사친이효, 事親以孝], 셋째 친구를 사귀되 믿음으로써 하며[붕우유신, 朋友有信], 넷째 싸움터에 나가서는 물러남이 없으며[임전무퇴, 臨戰無退], 다섯째 산 것을 죽일 때는 반드시 함부로 죽이지 말고 가려서 할 것[살생유택, 殺生有擇]을 내용으로 하고 있다.

세속 오계로 굳게 뭉친 신라의 화랑도는 국토와 주권을 지키는데 앞장을 섰으며, 나아가 삼국 통일의 기반을 구축하게 되었다.

진흥왕은 화랑도를 기반으로 14년(554)에 한강을 점령하고, 23년(562)에는 이사부(異斯夫)를 시켜 대가야를 정복하게 하였다. 그는 새로 개척한 땅에는 순수비(巡狩碑)를 세워 기념을 하니, 북한산비, 마운령비, 황초령비, 단양 적성비, 창녕비 등이 지금까지 남아 있다.

또한 12년(551)과 29년(568)에 개국(開國)과 대창(大昌)이라는 연호를 사용하여 자주적인 국가 의식을 나타냈으며, 6년(545) 7월에는 거칠부 등에게 명하여 역사책인《국사(國史)》를 편찬하게 하였다. 그 외에 7년(551)에 가야에서 건너온 우륵(于勒)을 후대하여 가야금을 만들고 음악을 널리 보급하게 하였다.

진흥왕은 왕위에 오른 지 36년만인 575년에 사망하였으니, 그의 업적은 한국 최초의 분열을 통일로 가게 하는 지름길을 쌓았다고 할 수 있다.

6. 신라왕의 칭호와 왕권의 변화

→ 신라의 왕호 변천은 선출에 의한 군장의 추대가 김씨의 세습적 군장제로 바뀌고, 다시 부자 상속에 의한 왕제로 바뀌어 가는 정치적 발전 과정을 보여주고 있다.

《삼국사기》에 보면 '남해왕 차차웅(次次雄) 5년에 이르러 왕이 석탈해(昔脫解)가 어질다는 말을 듣고 자기의 딸로서 아내를 삼게 하였다. 7년에 이르러 그를 등용하여 관리로 삼고 나랏일을 맡겼다. 남해왕 차차웅이 세상을 떠나 태자인 유리가 당연히 뒤를 이어야 했지만, 탈해의 인품에 덕이 있으므로 유리가 그에게 왕위를 넘기려 하였다. 이에 탈해는 "왕을 잇는 것은 하늘의 뜻이므로 저같이 재주가 없는 사람이 감당할 수 없습니다. 제가 듣기에 지혜가 많은 사람은 이가 많다고 합니다. 그러니 떡을 깨물어 시험하소서."라고 말하였다. 떡을 깨물어 보니 유리의 잇자국이 제일 많았다. 그래서 여러 관리들이 유리를 추대하고, 왕호를 이사금(尼斯今)이라 했던 것이다.'에서 임금의 칭호가 나온다.

원래 신라에서 왕이라는 칭호는 22대 지증왕 때부터 사용하였다. 이전에 삼한 지역에서는 소도(蘇塗)라는 지역이 있어서 제사를 관장하는 천군(天君)이 거주했으며, 이곳은 신성한 지역으로 죄인이 들어가도 잡을 수가 없는 지역이었다. 천군이 종교를 주관하는 대신 나랏일은 정치적 군장이 맡았다. 나랏일을 맡은 사람을 처음에는 거서간(居西干)이라 칭했다. 거서간은 거슬감(居瑟邯)으로도 기록되어 있는데, '박혁거세'는 '큰 박 같은 알에서 나왔다.'고 하여 성은 '박'이요, 알이 빛났다고 하여 '혁'이고, 거서간에서 '거세'를 합친 말이다. 곧 '신령스러운 느낌'을 가진 의미로 '신령스러운 제사장, 군장, 대인'의 뜻이며, 빛나는 알은 곧 태양을 상징하기도 하여 '거서간'이라고 한 것이다.

남해왕 때에 이르러서 차차웅으로 불리었다. 차차웅은 '무(巫)'의 의미로 제정일치 사회의 군장과 제사장을 복합한 말이다.

유리왕 때 사용한 '이사금'에는 '나이가 연장자인 사람'과 '잇다(繼)'의 의미가 함께 나타나 있다. 곧 연장자, 계왕(繼王)인 군장으로 선거 또는 세습에 의하여 군장의 자리를 물려받은 대왕이라는 칭호이다.

내물왕 때 김씨가 왕위 세습권을 차지하면서 왕권이 강화되어 '마립간(麻立干)'이라는 칭호를 사용하였다. '마립'은 우두머리를 뜻하는 '마리(頭)'의 이두식 표현으로 '으뜸, 정상'을 뜻하며, '간'은 대수장(大首長)의 뜻으로 정치적 의미를 가지는 호칭이며, 왕권의 성장을 나타내는 것이다.

이러한 왕호의 변천은 박, 석, 김씨가 부족의 화백(和白) 회의에서 선거제적 군장을 추대하였던 것이, 내물왕 이후 세습적 군장제로 바뀌고, 다시 지증왕 때 왕제로 바뀌면서 왕권이 강화되는 중앙집권적 정치 발전을 보여주는 것이다.

❗ 신라왕의 칭호 변화

거서간	박혁거세	제사장, 군장, 대인

⬇

차차웅	남해왕	무당, 제사장

⬇

이사금	유리왕	계승자, 연장자

⬇

마립간	내물왕	대수장

⬇

왕	지증왕	중국식 왕호

❓ 알고 넘어가기

신라의 탈해왕(脫解王)은 대장장이의 아들?

▶ 고대 정복 국가의 조건 중에서 가장 중요한 점은 발달된 철제 무기를 지니는 것이었다. 탈해가 '대장장이'의 아들이었다는 이야기는 상징적인 것으로 철기 사용에 따른 군사력과 정치적인 힘을 나타내는 것이었다.

신라의 탈해왕은 제4대 왕으로 다파나국(탐라국, 오늘날의 제주도)의 왕과 여인국(女人國)의 왕녀 사이에서 태어나 궤짝에 넣어져 바다를 떠돌았다. 아진의선이라는 할머니는 까치소리를 듣고 바닷가로 나가 궤짝을 건지게 되었는데 열어 보니 아이가 있었다. 할머니는 까치 때문에 얻은 아이라 하여 까치 작(鵲) 자의 한 쪽을 떼어서 성을 석(昔)이라 하고, 알을 깨뜨리고 나왔다 하여 이름을 탈해(脫解)라고 하였다.

탈해가 어른이 되어 자기가 살 집터를 찾고 있었는데 멀리 경주 벌판에 반달처럼 생긴 언덕이 마음에 들었다. 탈해가 가서 보니 이미 호공이라는 사람이 살고 있었다. 이에 탈해는 그날 밤 호공의 집 둘레에 쇠와 숯 부스러기를 땅 속에 묻었다. 그리고 몇 달이 지난 뒤에 호공을 찾아가 말했다.

"이 집터는 우리 조상들이 전에 살던 곳인데 어찌 어르신네가 계십니까? 이제 주인인 소자가 왔으니 돌려주십시오."

호공은 깜짝 놀라 말했다.

"아니다. 이곳은 오래전부터 우리 조상들이 살던 곳이다."

두 사람은 서로 다투다가 관가에 고발하기에 이르렀다.

재판장이 탈해에게 물었다.

"무엇으로써 이곳이 너의 집터임을 증명하겠느냐?"

이에 탈해가 답하여 말했다.

"우리 조상은 본래 대장장이였는데 잠시 이웃 고을에 나간 동안 다른 사람이 빼앗아 살고 있으니 땅을 파서 조사해 주시지요."

탈해의 말대로 땅을 파보니, 과연 숫돌과 숯이 나왔으므로 이에 그 집을 빼앗아 살게 되었다고 한다. 이때 남해왕은 탈해가 지혜 있는 사람임을 알고 맏공주의 남편을 삼게 하니 이 여인이 아니 부인(阿尼夫人)이다.

이 신화는 《삼국유사》에도 《삼국사기》에도 나오는데 다른 신화가 선민사상(자신의 후손이라는 사상)을 주장하는데 비하여 탈해는 굉장히 평범한 신분이다. 여기에 대장장이 아들이 어찌 왕이 될 수 있을까?

고대 국가의 성립 요소 가운데 정복 국가가 있다. 정복 국가의 조건 중 가장 중요한 것은 발달된 무기를 지니는 것이다. 그것이 바로 철기 문화였으며, 탈해는 자신이 철기 사용에 따른 군사력과 정치적 힘을 과시하게 되었던 것이다. 여기에서 두려움을 느낀 남해왕은 탈해의 세력에 대한 두려움에 사위로 삼았으며, 석씨가 신라의 성골 귀족 중 3대 성이 될 수 있었던 것이고, 유리왕의 뒤를 이어 4대 왕으로 즉위하게 되었던 것이다.

그러므로 우리는 신화나 전설을 그냥 옛날이야기로 가볍게 넘길 것이 아니라 역사적 사실 뒤에 숨어 있는 의미를 다시 한번 되새겨볼 필요가 있다.

7. 고구려는 한반도의 방파제

→ **한반도를 대륙의 침략으로부터 막아주는 방파제 구실을 하였다.**

한반도의 북부에 위치
한 고구려는 중국과 항상
맞서야만 했다. 중국의 북
부에는 거란을 비롯한 많
은 이민족들이 있어 호시
탐탐 한반도를 노리고 있
었다. 더구나 한반도에 대
한 야욕은 중국에 위치한
나라들도 가지고 있었다.

이에 맞서 고구려에서
는 3월에 사냥대회를 열
었다. 사냥대회는 두 가지
목적을 가지고 있었다.

하나는 훌륭한 고구려
군사를 선발하기 위함이

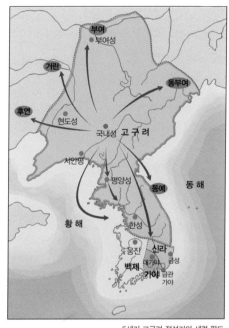

5세기 고구려 전성기의 세력 판도

었다. 유목 민족이나 중국 세력과 싸우기 위해서는 유능한 군사의 선발
이 중요하였다. 이에 고구려에서 3월에 실시한 사냥은 일종의 무과 시
험인 것이다.

두 번째는 사냥대회가 일종의 모의 전쟁이었다. 전쟁이 잦은 고구려
로서는 실전에 대비한 전쟁 연습을 해야만 했다. 사냥을 통해서 부단히

전쟁에 대비한 전술과 전략을 개발하여 실전에 응용하였던 것이다.

사냥대회를 통해 나타난 문제점을 보완하면서 고구려는 철갑 기마병이라는 부대를 만들어 광개토 대왕과 장수왕 때에는 중국을 넘보는 강대국으로 성장하였던 것이다.

고구려는 선비족을 비롯하여 중국의 침략을 받았다. 선비족이나 중국의 침략을 받을 때마다 사냥대회를 통해 선발된 군사들과 백성들은 일치단결하여 외적을 막을 수가 있었다. 그러므로 고구려는 군사력이 약한 백제와 신라를 선비족이나 중국의 침략으로부터 막아주는 방파제 구실을 하게 된 것이다.

❓ 알고 넘어가기

장군총은 스투파 양식?

▶ 장수왕(長壽王)의 능으로 알려진 장군총은 스투파(Stupa) 양식으로 만들어진 무덤이다.

장군총

불교에서 불상이 만들어지기 전에 부처님을 대신해 숭배의 대상이 되었던 것이 불탑이다.

지금으로부터 2,600여 년 전, 고타마 싯다르타는 인도의 동북부 지방 히말라야 기슭의 한 작은 나라인 카필라바스투에서 태자로 태어났다. 싯다르타는 '인간이 태어나고 늙고 병들고 죽는다.'는 문제에 고민을 갖고 29세 때에 부귀

서울 석촌동 고분 백제 근초고왕의 무덤

영화가 보장된 왕자의 자리를 박차고 행자의 길로 들어섰다. 6년간 인도의 전통적 수행 방법으로 깨달음을 얻으려고 하였지만 뜻을 이루지 못하였다. 이에 35세 때 네란자라 강변의 보리수나무 아래에서 '샛별이 뜨는 것'을 보고 크나큰 깨달음을 얻어 진리의 완성자인 부처님이 되었던 것이다.

고통받는 백성들에게 널리 자비 사상을 가르치고 80세를 일기로 열반(죽음)에 들었다. 석가모니 부처님은 열반 후에 다비식(茶毘式)을 거쳐 사리를 부처님과 관계 있는 8부족에게 나누어 봉안한 곳이 바로 스투파(탑)이다. 아소카 왕은 이 사리를 8만 4천과 가루로 만들었다.

스투파는 대개 5층에서 9층 사이로 한 변의 길이가 35미터 내외, 높이가 14미터 내외이다.

장군총은 화강암 표면을 정성들여 깎아 7층의 피라미드형으로 쌓았는데, 한 변의 길이는 30미터, 높이는 14.5미터이다. 기단의 둘레에는 4미터 폭으로 돌을 깔았으며, 그 바깥 둘레에 30미터 폭으로 자갈을 깔아 왕릉임을 표시하였다. 3층에 널방을 두고 2개의 널받침을 만들고 시신을 안치한 것으로 추측된다.

스투파와 장군총은 규모에 있어 비슷하며 단지 옥개석만 없을 뿐 7층으로 만들어져 부처님의 사리를 모신 스투파의 형식을 빌어 고구려 백성들이 장수왕에게 최대한 경의를 나타낸 것으로 보인다.

이런 양식의 무덤은 고구려의 영향을 받은 백제 초기에도 발견된다. 서울 석촌동 고분이 그 대표적인 무덤이다. 이곳에서 가장 규모가 큰 것은 백제의 전성기를 이끌었던 근초고왕의 무덤으로 추정하고 있다.

8. 광개토 대왕 비문에 나타난 '임나일본부설'

→ 일본이 한국을 지배하기 위해 꾸민 음모의 결과라고 할 수 있으며, 결코 가야는 일본의 지배를 받지 않았다.

호태왕릉 비각

고구려의 역사를 알려주는 유적으로 광개토 대왕(廣開土大王)릉비가 있다. 광개토 대왕이 죽은 2년 후인 414년(장수왕 2)에 지린 성 지안 현 퉁거우에 비석을 세웠다. 원명은 '국강상 광개토경 평안 호태왕(國岡上廣開土境平安好太王)'이라고 씌어 있다. 이 비석은 우리 역사상 가장 오래되고 큰 비석이다. 이 비는 응회암으로 아래와 위가 넓고 가운데가 좁은 형태이다. 높이는 약 6.39미터 남짓, 두께 1미터 40센티미터, 너비 1미터 60센티미터의 자연석을 손질해서 전후, 좌우 4면에 문자를 새기어 1행 41자로 44행이 쓰여 있으며, 전부 1,775자의 한자 예서체로 비문이 새겨져 있다.

비문에는 고구려가 나라를 세우는 과정에서 추모, 유리, 대무신왕이 왕위를 이어가는 과정, 광개토 대왕의 즉위와 업적, 광개토 대왕의 정복 활동, 광개토 대왕이 내린 명령 등으로 이루어져 있다.

광개토 대왕릉비에서 문제가 되는 것은 일본이 3세기경부터 2세기 동안 가야의 일부를 지배하였다는 설이다. 이 근거로 그들은 광개토 대왕릉비의 내용 중 '백제와 신라는 예부터 고구려의 식민지 국민으로 계속 조공하였다. 그런데 왜가 391년에 바다를 건너와 백제와 □□, 신라를 격파하여 식민지 국가로 삼았다. 이에 광개토 대왕은 396년에 백제를 쳐서 승리를 하였다.'에 근거하고 있다.

그러나 일본은 당시에 우리나라보다 미개한 나라였다. 더구나 당시 일본을 이끌고 있었던 야마토 정권은 백제의 지배를 받았고, 백제는 4세기 전반에 삼국 중에서 가장 강력한 국가였다. 그리고 중국의 산둥(山東, 산동) 반도와 랴오시(遼西, 요서) 지방, 그리고 일본의 큐슈를 식민지로 강력한 해상 왕국을 건설하고 있었으며, 고구려를 공격하여 평양에서 고구려의 국왕인 고국원왕(故國原王)을 전사하게 한 시대였다.

호태왕릉비 탁본
[허가번호 : 중박 200906-231]

전쟁 무기에 있어서도 일본이 말을 전쟁에 이용한 것은 6세기경으로 모든 면에서 후진 국가가 경제·문화·군사적으로 선진국인 우리나라를 지배하였다는 것은 사실과 다르다. 또한 일본은 우리나라로부터 많은 문화와 기술을 배우는 형편에 우리나라를 침략한다는 것은 있을 수가 없는 일이다.

한 농부에 의해 능비가 우연하게 발견된 이후 중국과 일본에서 탁본을 통해 연구가 이루어졌다.

중국을 여행하던 일본 첩보원이 비석을 발견한 후 사카와라라는 일본 육군 중위가 글자를 변조해 탁본을 한 '쌍무가묵본'이 생겨났다.

'쌍무가묵본'은 사카와라가 비문의 글자를 억지로 떼어내고 회를 써서 새로운 글자인 '왜(倭)'자를 첨가하여 탁본을 한 후에, 다시 회로 쓴 글자를 떼어낸 것이다. 특히 일본은 1905년 이전에도 여러 차례 첩보원을 만주에 파견하여 광개토 대왕릉비가 어디에 있는지를 조사하여, 미리 한국의 지배를 위한 작업을 하였다. 이는 결국 일본이 한국을 지배하기 위해 꾸민 음모의 결과라고 할 수 있다.

광개토 대왕은 고국양왕(故國壤王)의 아들로 이름은 담덕이며, 386년에 태자가 되었고, 열여덟 살에 왕위에 올랐다. 왕위에 오른 광개토 대왕은 우리나라에서 처음으로 '영락(永樂)'이라는 연호를 사용하였다. 그리고 왜구의 시달림을 받던 신라를 도와 왜구를 토벌하였다. 즉위 12년에는 지금의 금주성 북쪽에 있는 연나라의 수도까지 진격하여 무너뜨린 뒤 요하의 동쪽을 완전히 고구려의 땅으로 만들었다. 나아가 동쪽의 동부여를 굴복시켰고, 그 이전에는 북쪽의 거란족을 정벌하였다.

이처럼 광개토 대왕은 일생 동안 동서남북으로 대륙을 누비며 가는 곳마다 승리를 거두었다. 그리하여 모두 60여 개의 성과 1천여 개의 마을을 정벌하고 영토를 크게 확장하였다. 이후 고구려는 만주를 지배하는 실질적인 주인이 되어 한반도를 지키는 방파제 역할을 하게 되었다.

신라가 고구려의 정치적 영향을 받은 사실을 알려주는 그릇이 있다?

▶ 호우총에서 발견된 청동 호우로 광개토 대왕의 도움을 받아 왜군을 물리친 신라가
고구려를 상국(上國)으로 받들었음을 추정하게 한다.

호우총의 청동그릇 [허가번호 : 중박 200906-231]

1946년에 발굴한 경주 노서동 고분군에 있는 5세기 때 신라 적석목곽분은 나중에
'호우총'이라고 이름이 지어졌다. 이 무덤의 크기는 봉분을 기준으로 지름 약 16미터,
잔존 높이 약 4미터에 지나지 않았다. 하지만 금동관과 금동 환두대도를 비롯한 많은
부장품이 빛을 보았다. 그 중에서도 눈길을 끈 것은 이름 없는 무덤에 '호우총'이라는
이름까지 지어준 청동 호우였다. 뚜껑이 몸체와 분리되는 요강처럼 생긴 이 유물 몸체
밑바닥에서는 '乙卯年國岡上廣開土地好太王壺釪十(을묘년국강상광개토지호태왕호우
십)'이라는 명문이 확인됐다. 을묘년(乙卯年)은 이 호우가 제작된 연대를 말할 것이며,
국강상·광개토지·호태왕(國岡上廣開土地好太王)은 광개토왕으로 알려진 고구려 제
19대 왕이다. 생전 이름이 아니라 죽은 뒤에 그 아들인 장수왕이나 신하들이 한껏 추
켜 붙인 시호이다. '지(地)'는 아마도 광개토 대왕비에 쓰여 있는 '국강상광개토경평
안호태왕(國岡上廣開土境平安好太王)'의 '경(境)'과 통하는 문자일 것이다.

9. 불교 수용의 목적

→ **불교는 왕권 강화와 백성들의 사상 통일에 이바지하였다.**

선사 시대에는 요즈음과 같은 체계적인 종교는 없었다. 구석기인들은 사냥이나 신변 보호를 위해서 주술(呪術)의 힘에 의지하는 신앙을 가졌으며, 신석기인들은 우주 만물이 제각기 영혼을 가지고 있다고 믿어 그 영혼을 숭배하는 애니미즘을 갖고 있었다. 이들은 자연물과 함께 인간도 영혼을 가지고 있으며, 그 영혼은 없어지지 않는다는 영혼불멸(靈魂不滅) 사상을 믿었다. 그래서 죽은 사람의 시체를 지하에 매장한다거나 그 주위에 돌을 둘러서 보호하고, 머리를 해가 떠오르는 동쪽으로 두거나 살았을 때 쓰던 물건들을 함께 묻어주기도 하였다.

시대가 발달함에 따라 부족 또는 씨족과 특정한 자연물이 친근한 관계가 있다고 믿는 토테미즘이 나타났다. 이것은 한 부족 집단이 그들의 조상과 보호신인 토템을 공유한다고 생각하여, 죽이든가 먹는 일을 터부(taboo, 금지)하는 풍속이다.

가령 혁거세의 박씨족(朴氏族)은 말[馬]을, 알지 및 알영의 김씨족(金氏族)은 닭[酉]을 각각 그들의 토템으로 생각했다.

삼국 시대 후반 왕권이 강화되면서 왕족이나 귀족들뿐만 아니라 일반 백성들도 건국과 관련된 왕실의 시조신들을 믿었다.

《삼국사기》에 따르면 당나라가 집중적으로 공격했던 요동성에 주몽의 사당이 있었다. 계루부가 왕권을 장악한 뒤 계루부 왕실의 조상신을 국가적으로 믿고 제사를 지냈던 것이다. 《삼국사기》에는 또 백제 2대 왕인 다루왕(재위 28~77)이 동명성왕(재위 기원전 37~기원전 19)의 묘에

참배했다는 기록이 나온다. 동명성왕, 즉 주몽은 고구려의 시조이지만 부여 계통의 영향을 받은 만주나 백제국에서도 시조신으로 숭배했기 때문이다.

신라에서는 2대 남해왕(재위 4~24) 때 혁거세의 묘를 세우고 제사를 지내기 시작했고, 6세기 초 지증왕 때에는 시조의 탄생지에 신궁(神宮)을 세우고 제사를 지냈다.

물론 지배층인 귀족들도 왕족과 뿌리가 같다는 점에서 조상신에 대한 신앙심이 깊었다고 할 수 있다. 하지만 일반 백성들 역시 자신들의 조상보다는 훨씬 더 큰 위력을 가진 왕실의 조상들에게 쉽게 신앙심을 가졌던 것으로 추측된다.

또 이 세상에는 본래 나라와 임금 같은 것이 없고 사람끼리 서로 무리를 지어 살았는데, 하늘로부터 악의 세력이 나와서 세상을 더럽히고 성가시게 굴어 어지럽기 끝이 없었다. 이에 하느님의 아들 가운데 한 명이 인간 세상을 바로 잡기 위하여 아버지에게 능력을 받아 인간으로 내려왔다. 그는 악의 세력을 휩쓸어 버리고 하늘 법으로 세상을 평안하게 다스리다가 인간 세상에서 아들을 낳아 세상 다스리는 소임을 맡기고 도로 하늘로 돌아갔다는 것이다.

그 결과 태양으로 대표되는 선신(善神)이, 계속하여 악신(惡神)을 막을 필요가 생겨났다. 선신은 자신을 대신하여 주술사들에게 이러한 역할을 맡김으로써 주술사들이 악신을 쫓아내는 제의(祭儀)를 행하도록 하였다. 부여의 영고(迎鼓), 고구려의 동맹(東盟), 동예의 무천(舞天) 등과 같은 행사가 바로 그것이며, 삼한(三韓)의 천군(天君)이 대표적인 주술사이다. 천군은 곧 오늘날의 성직자와 같은 신성한 존재였으며, 천군이 사는 소도(蘇塗)는 신성한 지역으로 죄인이 소도 안으로 도망칠 경우 이를 잡아가지 못했다.

주술사와 관련된 것으로 샤머니즘을 들 수 있다. 샤머니즘은 인간과 신을 연결하여 인간 세상의 문제를 해결해주는 역할을 하였고, 오늘날까지도 영향을 미치고 있다.

《삼국사기》를 보면, 고국천왕(재위 179~197)의 왕비 우씨가 고국천왕이 죽은 뒤 동생인 산상왕(재위 197~227)과 결혼하자, 무당의 입을 빌려 죽은 고국천왕이 화를 내며 비통해하는 이야기가 나온다. 이러한 《삼국사기》의 기록으로 미루어 보더라도 당시 샤머니즘의 위력은 매우 컸음을 알 수 있다.

이 시대의 또 다른 신앙으로는 점복(占卜)을 들 수 있다. 부여에서는 전쟁이 있을 때에 제의를 행했는데, 소를 죽여 굽(소의 발톱)이 벌어지면 흉(凶)하고, 합쳐지면 길(吉)한 것으로 생각했다.

이 밖에 화랑도와 밀접한 관련이 있는 풍류도(風流道)와 같은 전통 종교도 있었다.

그러나 우리나라 고유의 신앙은 고구려 소수림왕 때(372) 불교가 들어옴에 따라 더 이상 발전하지 못했다. 그러나 불교의 한쪽에 면면히 남아 산신당, 칠성각의 형태로 전해지고, 일반 민중의 생활에도 깊숙이 남아서 오늘날까지 이어져 오고 있다.

불교의 수용은 왕권 강화에 도움을 주었다. 왕은 불교를 통하여 백성들을 하나로 결집시키면서 자신의 권위를 높이고자 하였다. 또한 불교도 왕이나 귀족들과 힘을 합하여 자신들의 교세를 확장하려고 하였다.

그러나 신라 말기에 나타난 선종은 기존의 불교인 교종을 반대하면서 정권에서 소외된 호족(豪族)이나 6두품과 힘을 합하여 새로운 국가를 만들었으니, 바로 고려이다.

	고구려	백제	신라
중앙집권 국가 확립	태조왕 (2세기)	고이왕 (3세기 중엽)	내물왕 (4세기 후반)
율령 반포	소수림왕	고이왕	법흥왕
전성기	광개토 대왕 · 장수왕 (5세기)	근초고왕 (4세기)	진흥왕 (6세기)

왕이나 귀족들을 중심으로 전파되었던 불교를 대중들에게 널리 전한 사람은?

▶ 우리나라에 전파된 초기 불교는 귀족 불교였으나, 원효에 의하여 널리 대중들에게까지 전파되었다.

자장(慈藏)과 함께 부처의 힘으로 전쟁으로부터 백성들을 벗어나게 하기 위해 원효(元曉)는 머리를 깎고 스님이 되었다. 원효는 진평왕(眞平王) 39년(617)에 설(薛)담날을 아버지로 하여 태어났다. 원효의 소년기, 청년기 또는 출가(出家)의 동기에 관한 기록은 전하는 것이 없으나, 21세 되던 해인 선덕 여왕(善德女王) 14년(645)에 황룡사(皇龍寺)에서 스님이 되어 공부하던 중, 진덕 여왕(眞德女王) 4년(650)에 의상(義湘)과 함께 당으로 불교 유학을 떠났다가 남양 근처의 무덤에서 하룻밤을 묵은 후에 '모든 것은 마음먹기에 달렸다.'는 진리를 깨닫고 유학을 포기하였다.

신라로 돌아온 원효는 나 혼자만이 절에서 공부하는 것이 대중을 구하는 것이 아니라고 생각하였다. 그리하여 대중들과 함께 호흡을 같이하면서 불교의 진리를 알리고 복을 받을 수 있게 하고자 때와 장소를 가리지 않고 불교의 진리를 폈다. 백성들이 어려워하는 불경 대신에 그들이 실제로 불교와 가까이 할 수 있는 방법을 설명하였다. 즉 자기 자신보다도 남을 구제하는 데 힘써야 하며, 남의 잘못을 떠들기보다는 잘못을 이끌어줄 수 있는 관용을 지니라고 가르쳤다.

하루는 원효가 마음이 들떠 거리에 나가 노래하였다.

"누가 자루 없는 도끼를 나에게 주겠느냐? 내 하늘을 받칠 기둥을 깎으리로다."

사람들은 노래를 들으면서도 그 뜻을 몰랐으나, 태종이 듣고 말했다.

"대사가 귀부인을 얻어 슬기로운 아들을 낳고자 하는구나."

태종은 자신의 딸로 요석궁에 홀로 남겨진 공주로 짝을 지어주니 과연 공주가 아기를 배어 설총(薛聰)을 낳았다.

스스로 파계한 원효는 '소성거사(小性居士)'라 자칭하면서 속세의 복장을 하고 마을을 나다니다가 우연히 한 광대가 괴상한 박을 가지고 춤과

원효대사가 머물렀던 고선사(高仙寺) 석탑

만담을 벌이는 것을 보고, 그와 같은 물건을 만들어 《화엄경(華嚴經)》의 '일체무애인 일도출생사(一切無碍人 一道出生死)'에서 '무애'를 따다가 박의 이름을 짓고 〈무애가(無碍歌)〉라는 노래를 지어 춤추고 노래하며 여러 마을을 돌아다녔다. 이에 세상 사람들 중 염불을 할 줄 모르는 사람이 없게 되었으니, 불교의 대중화에 크게 기여했던 것이다.

72세가 되던 신문왕 6년(686)에 혈사에서 세상을 뜬 원효는 《법화경 종요(法華經 宗要)》, 《금강삼매경론소(金剛三昧經論疏)》, 《대승기신론소(大乘起信論疏)》 등 140여 편의 저서를 남겼으며, 일본 불교에도 크나큰 영향을 끼쳤다.

10. 실리에 따라 변화한 삼국의 외교 관계

→ 고구려, 백제, 신라는 자국의 이해관계에 따라 동맹과 적대 관계를 유지하였다.

삼국 시대의 대륙 정세도 분열기였다. 대륙과 맞물려 삼국도 자국의

이해관계에 따라 동맹과 적대 관계를 유지하였다.

　중국의 영향을 받아 가장 먼저 나라를 안정시켰던 백제는 중국의 남조와 한반도의 가야, 일본을 연결하는 해상 동맹이었다. 이에 대항하기 위하여 고구려는 북조와 유목 민족, 신라가 연결된 대륙 동맹이었다.

　이 동맹 관계가 해체된 것은 5세기 장수왕(長壽王) 때였다. 장수왕이 추진한 남진정책에 따라 백제와 신라가 공수동맹을 체결하였다. 또한 장수왕은 북조뿐만 아니라 남조와도 원만한 관계를 유지하였다.

　원수지간이었던 고구려와 백제는 6세기에 접어들면서 동맹 관계로 변하였다. 신라 진흥왕의 배신으로 나제동맹이 깨지고 백제 성왕의 반격이 실패하면서 신라를 막기 위하여 여제동맹이 만들어졌다. 한반도에서 고립된 신라는 중국과 연결하려고 하였다. 신라는 수나라, 당나라와 동맹 관계를 맺으며 고구려를 견제하려고 했다. 수나라나 당나라에서도 자신들의 이익에 부합하였기에 신라와의 동맹에 기꺼이 응하게 되었다. 반면에 고구려는 북방의 돌궐과 백제, 그리고 일본과 연결하는 동맹 관계를 맺었다. 이른바 십자(十字) 외교가 전개된 것이다. 이러한 외교 관계는 신라가 삼국을 통일할 때까지 지속되었다.

　그러므로 삼국 간의 외교는 자국의 실리 위주로 동맹과 적대 관계를 유지하였던 것이다.

11. 삼국의 문화와 일본 문화

→ **삼국의 문화가 일본에 전해져 아스카 문화가 형성되는 계기가 되었다.**

일본 국가의 기원은 비류(沸流) 백제의 멸망에서 시작된다. 서기 396년 고구려의 광개토 대왕이 백제를 토벌했을 때 웅진성을 탈출한 비류계의 후손들이 일본 열도로 쫓겨 가서 망명 정권을 세웠다고 한다. 이것이 바로 일본 국왕 국가의 탄생이다.

일본에서 가장 확실한 최고의 천황으로 알려진 응신(應神) 국왕의 즉위 원년이 서기 390년인데, 응신과 동일 인물로 알려진 신무(神武) 국왕의 즉위 전 7년을 더하면 비류 백제가 멸망한 다음 해, 즉 397년이 된다.

이러한 사실은 응신 국왕이 처음부터 일본의 국왕이 아니라, 비류 백제의 마지막 왕으로서 390년에 즉위한 후 396년에 이르러 광개토 대왕의 공격으로 일본으로 망명했으며, 그 다음 해인 397년, 다시 말해 즉위 7년째에 일본 국왕이 되었음을 의미하는 것이다. 이와 같이 응신 왕조는 비류 백제(한민족)의 망명 정권이기에 응신 이후의 국왕 성씨는 진(眞)씨로 되었던 것이며, 이후의 고분에서 전기에 없었던 백제 계통의 마제(磨製) 유물이 대량으로 출토되기도 하는 것이다. 이러한 백제 계통의 유물 출토는 한반도의 변한과 진한의 민족이 일본 열도를 정벌하여 왕가(王家)를 세웠다고 하는 소위 기마민족(騎馬民族) 정벌설을 주장하는 근거로 제시되기도 한다. 이 때문에 망명 직후에 초기 국왕들은 일본국과 왜국지별종(倭國之別種)임을 강조하면서 변진(비류 백제)의 후예였음을 긍지로 여겼다고 한다.

응신이 일본 열도로 망명하기 이전에 북 큐슈에는 야마토 정권이 있었다. 《일본서기(日本書紀)》에서는 야마토를 담로(淡櫓)라고 칭했는데, 백제의 군현을 일컫는 담로와 일치한다. 또한 백제에서는 담로에 왕족을 두어 다스렸다.

이런 일련의 관계를 종합해보면 야마토는 백제인에 의하여 건설되었음을 알 수 있다. 따라서 서기 100년경에 야마토를 개설한 승신이 한반도로 건너왔다고 주장한 일부의 견해는 야마토가 담로에서 귀결되는 당연한 결과로 추측할 수 있다. 이 승신이야말로 비류 백제에서 임명한 최초의 담로로 볼 수 있는데, 이 점은 《일본서기》로 입증되고 있다.

그렇다면 국왕 국가를 뒷받침해주는 국민은 누구였을까? 당연히 백제인이다. 백제는 근초고왕(近肖古王) 24년(269) 이전까지 약 80여 년 동안 전쟁이 없는 평화로운 왕국이었다. 그러나 근초고왕 24년부터 아신왕(阿莘王) 7년(398)에 이르기까지 약 30년 동안 고구려와 총 17회에 걸쳐 싸움을 했는데, 390년대에 이르러 고구려 광개토 대왕이 즉위하면서 더욱 격심해졌다.

고구려와의 치열한 전쟁, 그것도 거의 패퇴만 되풀이하는 상황에서 국민들은 될 수만 있다면 이웃 나라에라도 도망을 가 안전하게 살고자 했다. 《삼국사기》〈백제본기〉'아신왕조'에 나와 있는 '아신왕 8년 8월, 왕은 고구려를 치고자 군마를 징집하니 백성들이 병역을 싫어하여 신라로 달아나 호구가 많이 감소했다.'는 구절에서 알 수 있듯이 백제인들은 전쟁의 고역을 감당하기 어려워 신라로 도망을 갔으며, 신라에도 정착하지 못한 이들은 다시 일본으로 이주해 갔던 것이다.

한국과 일본 열도는 날씨가 좋은 날이면 서로 바라볼 수 있다는 말이 나올 정도로 가까운 거리에 있어 원시적인 작은 배로도 갈 수 있으며, 당시 신라의 조선술은 얼마든지 일본으로 갈 수 있을 정도로 발달했었다.

백제를 기반으로 건설된 일본은 이후 백제와 긴밀한 교류를 갖게 되었다. 이전에도 왕인이나 아직기를 통하여 유학과 천자문, 그리고 한자

금동 미륵 반가 사유상
[허가번호 : 중박 200906-231]

를 받아들인 일본은 무령왕(武寧王) 때에는 단양이(段楊爾)와 고안무(高安茂)를 통하여 유교 경전을, 성왕(聖王) 때 노리사치계(奴唎斯致契)를 통하여 불교를, 오경박사(五經博士)와 역박사(曆博士)를 통하여 유교와 천문 기술을 배웠다. 백제의 영향을 받은 일본의 아스카 문화의 예로 일본 국보 1호인 목조 반가 사유상이 있다. 이것은 우리나라의 금동 미륵 반가 사유상과 재질만 다를 뿐 모양과 양식이 같다.

신라에서는 일본에 성을 쌓는 축성술과 배를 만드는 조선술을 가르쳤다. 고구려는 일본과 거리가 멀어 백제나 신라에 비하여 교류가 활발하지 않았다. 하지만 영양왕 때 담징(曇徵)은 호류 사(法隆寺)에 금당 벽화를 그려, 그림과 물감을 전해주었다. 고구려의 그림은 다카마쓰 고분에 그려진 벽화의 옷 모양이 고구려와 같다는 것에서 큰 영향을 받았음을 알 수가 있다.

가야는 일본에 철을 만드는 기술을 가르쳐 주어 일본의 무기와 농기구 발달에 크게 기여하였다.

　이러한 삼국 문화의 전파는 아스카 문화가 발전하는데 결정적인 공헌
을 하였다.

금관
[허가번호 : 중박 200906-231]

귀걸이
[허가번호 : 중박 200906-231]

❗ 삼국의 문화

	고구려	백제	신라
성격	웅장, 패기	우아, 섬세	소박
불상	연가 7년명 금동 여래 입상	서산 마애삼존 석불	금동 미륵 반가 사유상
미술, 공예	고분 벽화	금동 용봉 향로	금관, 귀걸이, 옥대
석조	광개토 대왕릉비	미륵사지 석탑 정림사지 5층 석탑	분황사탑

? 알고 넘어가기

언제부터 소를 농업에 이용하기 시작했을까?

▶ 농경문화가 정착되기 전에 소는 단지 고기를 얻기 위한 가축이었다. 철기를 들여옴으로써 농사에 쟁기가 쓰이게 된 신라 시대부터 소는 농사에서 중요한 역할을 하기 시작했다.

소가 우리나라에 들어온 것은 1800~2000년 전의 일이다. 김해의 조개 무덤에서도 기원전 100년경의 것으로 보이는 소의 유골이 발견된 바 있다.

소는 처음에 시체를 나르는 데 사용되었는데, 우리나라에서 제일 먼저 달구지를 만들어 소의 힘을 이용한 나라는 고구려였다. 한편 부여에서는 전쟁을 하기 전에 소를 잡아서 그 발톱의 상태로 길흉(吉凶)을 점치는 풍습이 있었는데, 소의 발톱이 벌어지면 흉조로 여겼고, 합쳐지면 길조로 삼았다 한다.

이후 농업이 점점 발달함에 따라 416년에 신라의 눌지왕은 백성들이 소를 농사에 이용할 수 있도록 교육했다고 한다.

우리나라의 주된 산업은 농업이었다. 구석기 시대에는 채집과 어로, 수렵생활을 했으며, 신석기 시대에는 생산 경제로서 농경생활을 하게 되었다. 처음에 호미로 밭을 갈다가 시대가 발달하면서 돌 쟁기를 이용해 식량 생산에 커다란 변화를 가져왔다.

그리고 부여나 삼한사회에 이르면 농업이 발달해 벼를 재배했는데, 특히 밭농사를 잘했다고 한다. 이 시대에 농업이 발달된 사실은 당시에 쌓았던 저수지를 보고 알 수 있다. 예를 들면 김제의 벽골제(碧骨堤), 제천의 의림지(義林池), 상주의 공검지(恭儉池), 밀양의 수산제(守山堤) 등의 저수지가 있다.

그런데 이렇게 농업이 발달한 데에는 그만한 이유가 있었다. 그것은 바로 철제 농기구의 보급이다. 철제 농기구의 보급으로 땅을 깊이 갈게 되어 생산력을 더욱 높이게 되었다. 여기에 돌쟁기를 개량한 따비가 등장했는데, 이것은 풀뿌리를 뽑거나 밭을 가는 농구의 한 가지로 쟁기보다 작은 보습(삽 모양의 쇳조각)이 사용되었다. 이 따비가 개량된 것이 쟁기로써, 지증왕(智證王, 재위 500~514) 때 소와 함께 밭갈이에 처음으로 이용되었다.

소는 매우 귀중한 가축으로 옛날에는 소를 얼마나 기르느냐에 따라 부유함을 나타내기도 했으며, 남의 소를 죽이거나 손상을 입힌 사람을 노비로 삼는 벌을 주는 등 소를 백성들의 재산으로 보호해주었다.

한때 신라에서는 소에 전염병이 돌면 밭갈이를 사람이 대신하기도 하고 소의 도살을 금지했다고 한다.

조선 시대 때 세조는 목장을 많이 만들었고, 우경을 장려했으며, 《양우법(養牛法)》이라는 책을 만들어 소의 이용과 증식을 적극적으로 장려했다.

한편 젖소는 고려 말 충렬왕(忠烈王) 때부터 기르기 시작한 것으로 추측되나, 우리나라에서 우유는 그 이전인 삼국 시대부터 먹었을 것으로 추측된다. 일본에 우유 짜는 방법을 알려준 사람으로는 7세기 중엽 백제인 복상(福常)이라고 일본 책 《신찬성씨록(新撰姓氏錄)》에 나와 있다. 그 후에 고려 25대 충렬왕 때 몽고 공주를 부인으로 맞으면서 우유를 생산할 수 있는 유우소(乳牛所)를 설치했을 것으로 추측된다.

조선 시대에 우유는 맛좋은 영양식으로 임금님이 즐겨 먹었던 보양식이었다. 《조선왕조실록》에 보면 인종(仁宗)의 건강이 나빠지자 우유로 만든 죽을 영양식으로 먹을 것을 신하들이 권했으나 인종이 거절하였다고 한다. 정조(正祖)는 겨울철이면 늘 우유로 만든 죽을 먹고 원기를 회복하였다고 한다.

궁궐 병원인 내의원(內醫院)에서도 몸이 허약한 상태거나 겨울에는 우유로 만든 죽을 권하였다.

조선 숙종(肅宗) 때 실학자인 홍만선(洪萬選)이 쓴 《산림경제(山林經濟)》는 농업에 관한 방법을 적었는데, 우유를 섭취하는 다양한 방법을 알려주고 있다. 그가 서술한 우유죽은, 죽을 쑤다가 반쯤 익거든 죽물을 따라내고 쌀물 대신 우유를 부어 끓인 뒤에 떠서 사발에 담고 사발마다 연유 반냥을 죽 위에 부어, 마치 기름처럼 죽을 고루 덮었을 때 바로 저으면서 먹으면 비길 데 없이 감미롭다고 하여 좋은 영양죽으로 추천하고 있다.

우유를 약으로 복용하는 일도 있었다. 《동의보감(東醫寶鑑)》을 보면, 앵도창이라고 하여 목 위에 앵두 크기만 한 부스럼이 생기면 날마다 우유를 마시면 저절로 사라진다고 하였고, 《증류본초》에서는 대맥초 한 근과 백복령 가루 넉 냥을 생우유에 개서 먹으면 백일 동안 배가 고프지 않아 구황에 도움이 된다고 했을 정도로 우유의 영양과 약제로서의 효능을 풀어 놓기도 하였다.

그런데 문제는 우유를 생산하는데 있었다. 오늘날처럼 젖소를 키운 것이 아니므로 새끼를 낳은 어미소의 젖을 모아서 우유를 진상했기에 애꿎은 송아지만 굶기는 상황이 발생했다. 송아지가 굶으면 장래 농업에 없어서는 안 되는 소를 키우고 농사를 짓는데도 어려움을 겪어야 했으므로 농민들은 여간 고통이 아니었다. 이런 폐단을 막기 위해 중종(中宗)은 '우유죽이 폐단이다.'라고 하며 우유죽 먹는 것을 금지하였고, 영조(英祖)

는 우유를 짜는 것뿐만 아니라, 아예 소를 잡는 것을 금지해서 당시 사람들이 한동안 소고기를 먹지 못하기도 하였다.

우유 때문에 봉변을 당할 뻔한 사람도 있었다. 바로 명종(明宗)의 외척으로 권력을 행사하던 윤원형(尹元衡)이었다. 그는 임금만 먹을 수 있는 우유죽을 만드는 기구를 집으로 가지고 나와 우유죽을 만들어 처자식과 첩까지 먹였다가 신하들의 상소로 귀양까지 갈 뻔하였다.

관리는 임금이 먹을 우유를 제때 진상해야만 했다. 고종(高宗) 1년(1901)의 실록을 보면 우유를 담당했던 봉진관을 제때 우유를 진상하지 못했다고 직무유기로 면직하고, 우유 감독관이었던 검독은 사법부로 이송해서 징계를 하려다가 고종이 용서하여 무마된 적도 있었다.

12. 을지문덕 장군의 살수대첩

→ **수나라의 당시 인구는 약 4,600만 명이었다. 113만 대군을 동원했다는 것은 총력전을 펼쳤다는 의미이며, 결국 고구려에 패배하자 나라마저 무너지고 말았다.**

현재 우리나라 인구는 약 4,960만 명(2006년 기준)이다. 여기에 정규 군인은 약 60여만 명으로 알려져 있다.

그런데 지금으로부터 1,300여 년 전인 서기 612년에 수(隋)나라의 양제(煬帝)가 고구려를 정벌하려고 113만 3,800명의 대군을 거느리고 고구려에 침입했다고 한다.

단재 신채호(申采浩)가 지은 《을지문덕전(乙支文德傳)》을 보면, 이 병력에 대한 설명이 비교적 자세히 나와 있다. 즉, 군함이 300척, 병차(兵車)가 5만 대, 대갑(帶甲, 병졸)이 24군으로 구성되어 모두 113만 3,800여 명이었다. 군량 수송자는 그 숫자의 두 배에 이르렀다고 하므로 통칭 200만 대군이라고 하였다.

기록에 의하면 이 200만 대군이 출발할 때 그 깃발이 천 리까지 뻗쳐
있었으며, 각 방면의 사령관은 당시 제1급 명장들이었다고 한다. 그야
말로 수나라의 총력을 기울인 대작전이었다.

그런데 이때 중국의 인구는 얼마나 되었을까?

수양제 5년(609)에 890만여 호에 4,600만 명이었다. 이러한 수효라
면 200만 명 동원이 불가능한 건 아니지만, 국가의 총력을 기울인 무리
한 일이었다. 결국 수나라는 전쟁을 시작한 지 38년 만에 멸망하고 말
았다.

그럼 수나라는 왜 고구려를 침략해야만 했을까?

5세기경에 고구려는 한반도 및 요동, 만주 지역에 걸친 대제국을 건
설하여 삼국 중에서 주도적인 위치를 차지하고 있었다. 그러나 이 고구
려도 6세기 후반이 되자 남쪽에서는 신라에 밀려 한강 유역을 상실했

고, 북쪽에서는 남북조 시대의 분열을 통일한 수(隋)나라와 대치하게 되었다.

여기에 신라 진흥왕(眞興王)이 한강 유역을 차지한 후, 신라와 수나라 간에 직접적인 외교관계가 수립되었다. 이로써 그때까지 맺어왔던 고구려와 수나라의 친선관계가 무너지게 되었다.

그러자 고구려는 가만히 있을 수 없었다. 고구려는 통일을 이룬 수나라가 동쪽으로 영역을 확장할 것으로 예상하여 영양왕(재위 590~618) 때 말갈족(靺鞨族)과 연합하여 전략상의 요지인 수나라의 랴오시(요서) 지방을 공격했다. 이에 분노한 수의 문제(文帝)가 수륙 30만의 대군을 동원하여 고구려를 공격했지만 육군은 큰 홍수와 질병을 만났고, 수군은 서해상에서 폭풍을 만나 헛되이 퇴군하지 않을 수 없었다.

문제의 뒤를 이은 양제는 고구려가 수를 견제하기 위해 돌궐족(突厥族)과 연맹하자, 고구려 정벌의 필요성을 느끼게 되어 113만 대군을 출동시켰다.

수나라의 공격을 받은 고구려는 요동성에서 수의 대군과 교전했다. 여기서 전쟁이 교착 상태에 빠지자 조급해진 양제는 평양을 직접 공격할 계획을 세워 압록강 서쪽에 군대를 집결시켰다. 이 계략을 간파한 고구려의 명장 을지문덕은 유도 작전을 벌여 평양성 외곽 30리 지점까지 적군을 유인했다.

이에 을지문덕이 '오언시(五言詩, 여수장 우중문 시)'를 지어 보내고, 영양왕의 조견(朝見)을 거짓으로 내세워 별동부대 철수를 요구하자 적군은 순순히 철수하기 시작했다. 을지문덕 장군은 이때를 놓치지 않고 군사를 출동시켜 사방을 에워싸고 공격하니 적군은 도망가기에 급급했다. 살수(薩水, 청천강)에 이르러 군사가 반쯤 건넜을 때 고구려군이 후군(後軍)을 맹공격하니 적장 신세웅(申世雄)마저 죽었으며, 살아 돌아간 군사는 2,700여 명에 불과했다. 그리고 양제는 싸울 의욕을 잃고 7월 25일 완전히 퇴각하고 말았다.

수의 양제는 중국의 땅이 넓고 인구가 많은 데 비례해 백만 대군을 동원하기가 쉽다는 이점만을 믿었지, 군사의 숫자가 너무 많아 전선이 길어지면 군량 공급이 어려워질 것이라는 사실을 예상치 못했다. 이 때문에 그 많은 군대를 동원하고도 뜻을 이루지 못하고 헛되이 돌아갔다. 끝내 수나라는 고구려에게 참패한 것에서 비롯된 공포심으로 민심이 떠나 곧 멸망하고 말았다.

수나라를 물리친 고구려에 당나라가 다시 쳐들어왔으며, 고구려는 계속 수세에 몰렸다. 요동성과 백암성 등 고구려의 대표적인 성들이 당나라의 수중으로 들어갔다. 물밀듯이 평양으로 향하던 당 태종은 안시성에서 멈추어 섰다. 안시성은 인구 10만의 성으로, 당 태종은 하루에 6~7회를 공격하였다. 당 태종은 4개월에 걸쳐 60여 일 간 연인원 50만을 동원하여 공격했으나 양만춘(楊萬春)에 의해 패배하였다.

그러나 수나라와 당나라의 군사를 물리치느라 고구려의 국력은 쇠퇴하였다. 더구나 665년에 연개소문(淵蓋蘇文)이 죽고 난 뒤 큰아들인 연남생(淵男生)이 막리지(莫離支)가 되어 나랏일을 돌보았다. 연남생이 나랏일을 두 동생에게 맡기고 국경을 순찰할 때 동생 연남건(淵男建)이 추종 세력을 이끌고 공격하니 연남생은 당나라로 건너갔다. 때마침 연개소문의 동생인 연정토(淵淨土)도 3,400여 명의 백성과 12성을 이끌고 신라에 항복하였다. 결국 연개소문의 아들 3형제간에 분열이 생겨 고구려는 신라와 당나라의 연합군에 의하여 668년에 멸망하고 말았다.

 고구려의 멸망 과정

- 당의 공격 — 안시성에서 격퇴

↓

- 수 · 당과의 오랜 전쟁으로 인한 국력 쇠퇴
- 연개소문의 죽음과 그의 세 아들의 권력 싸움

↓

- 나 · 당 연합군의 침입

↓

- 평양성 함락, 고구려 멸망(668)
- 안동 도호부 설치

 알고 넘어가기

우중문을 희롱한 을지문덕의 오언시(五言詩)

그대의 뛰어난 책략은 천문을 꿰뚫고
기묘한 작전은 지리를 통달하였소.
싸워 이긴 공이 이미 크니
이제 그만 되돌아가는 것이 어떠하오.

13. 탑의 유래

→ 돌을 다듬는 기술이 부족하여 쉽게 나무로 만들었으나, 불과 비바람에 약한 단점과 더불어 만드는데 많은 비용이 들었다. 그리하여 우리나라에 불교가 정착되면서 많은 화강암을 사용하여 돌로 탑을 만들게 하였다. 큰 돌을 가공하는 것보다 작은 돌을 여러 개 가공하는 것이 쉬웠기 때문이다.

석가모니 부처님이 고통받는 백성들에게 널리 자비 사상을 가르치고 80세를 일기로 열반(죽음)에 들었다. 석가모니 부처님은 열반 후에 다비식을 거쳐 사리를 부처님과 관계 있는 8부족에게 나누어 봉안한 곳이 바로 탑이다. 아소카 왕은 이 사리를 가루로 8만 4천과를 만들었다.

헬레니즘 미술이 전래되기 전에는 탑이 불교의 경배 대상이었다. 왜냐하면 탑을 만들 때 부처님의 사리를 비롯한 각종 불교 장구를 넣어 만들었기 때문이다. 그리하여 모든 불교 신자들은 탑을 향해 자신의 소원을 빌며 탑돌이를 한다.

우리나라는 초기에 나무로 목조탑을 만들었다. 신라의 황룡사 9층 탑은 목조탑의 대표적인 예이다. 황룡사 9층 탑은 신라 선덕 여왕(善德女王)1 13년(645)에 건립을 시작하여 높이 88미터로

미륵사지 석탑

정림사지 5층 석탑

완성한 목조탑이다. 황룡사 탑을 9층으로 한 것은 《삼국유사》에 의하면 '신라 제27대 임금으로 선덕 여왕이 되어 비록 덕을 갖추었으나 위엄이 부족해 아홉 곳에서 외적이 침략하는데, 만일 용궁 남쪽 황룡사에 9층 탑을 세운다면 이웃 나라의 재앙을 진압할 수 있을 것이다. 제1층은 일본, 제2층은 중화, 제3층은 오월, 제4층은 탁라, 제5층은 응유, 제6층은 말갈, 제7층은 단국, 제8층은 여적, 제9층은 예맥이다.' 라고 한 것에서 외적을 막기 위함이 목적이었음을 알 수가 있다. 황룡사 9층 탑은 고종 25년(1238)에 몽골족의 침입을 받으면서 불에 탔다.

이처럼 목조탑은 불과 비바람에 약한 단점과 더불어 만드는데 많은 비용이 들었다. 그리하여 우리나라에 불교가 정착되면서 많은 화강암을 사용하여 돌로 탑을 만들게 하였다. 백제는 처음에 목탑을 본떠서 만들었다. 무왕 때 만들어진 익산의 미륵사지 석탑은 목탑 양식의 석탑을 잘 보여주는 대표적인 탑이다. 또한 부여읍내 중심부에 위치한 정림사지의 한가운데 위치한 5층 석탑도 목탑 양식의 석탑이다.

목탑 양식의 석탑은 실제 어떤 모습일까? 석탑의 탑신부는 대개 하나의 돌로 구성되어 있지만 이 탑은 149매의 돌로 구성되어 있다. 처마를

분황사 9층 석탑

꺾어 하늘로 올라가게 한 것도 목탑 양식을 보여주는 것이다. 정림사지 5층 석탑은 소정방(蘇定方)이 백제를 정벌하고 세운 탑이라고 하여 '평제탑'이라 알려졌지만, 고려 시대 절을 중건하면서 정림사라는 글귀가 나와 '정림사지탑'으로 밝혀졌다. 높이는 8.33미터이다.

신라에서는 석탑으로 가는 과정에 벽돌로 탑을 만들기도 하였다. 바로 분황사 9층 석탑이다. 이 탑은 지금 3층만이 남아 있다.

통일 신라에 만들어진 다보탑도 목탑 양식의 석탑을 보여주는 탑이다. 큰 돌을 가공하는 것보다 작은 돌을 여러 개 가공하는 것이 쉬웠기 때문에 목탑 양식의 석탑을 만든 것이다.

8세기 이후에는 우리나라 고유의 석탑으로 발달하였다. 이때의 석탑은 대개 사각이나 팔각으로 만들어졌다. 사각은 불교의 사성제(四聖諦)를, 팔각은 불교의 팔정도(八正道)를 나타내고 있다. 사성제는 불교에서 말하는 영원히 변하지 않는 네 가지 진리인 고제(苦諦), 집제(集諦), 멸제

(滅諦), 도제(道諦)를 말한다. 팔정도는 깨달음과 열반으로 이끄는 올바른 여덟 가지 길인 정견(正見), 정사유(正思惟), 정어(正語), 정업(正業), 정명(正命), 정정진(正精進), 정념(正念), 정정(正定)이다.

탑의 층수는 대개 3층이나 5층, 7층 등 홀수이다. 이는 4각이나 8각을 이루는 것과 조화를 이루기 위함이다. 즉 음양의 조화인 것이다.

! 교종과 선종의 비교

	교종	선종
특징	경전, 교리 중시	참선, 수양 강조
시기	통일 전후 유행	신라 말 유행
지지 세력	왕실과 진골 귀족의 후원	지방 호족들과 백성들의 지지
종파	5교	9산

? 알고 넘어가기

통일 신라의 불교

고구려 소수림왕 때인 372년에 우리나라에 처음 불교가 전래된 이후 나라를 지켜주는 호국 불교와 백성들의 정신적 통일과 자신들의 뜻을 이루기를 바라는 구복 불교로 발전하였다. 삼국은 각기 불교를 받아들여 나라를 발전시키려고 하였다. 백제는 침류왕(枕流王) 1년(384)에, 신라는 법흥왕(法興王) 13년(527)에 이차돈(異次頓)의 순교로 불교를 공인하면서 국민들을 하나로 모으기 위한 수단으로 불교를 장려하였다.

통일 신라 시대에는 경전을 중요하게 여기는 교종(教宗)을 중심으로 불교가 발전하였다. 그리하여 보덕(普德)의 열반종, 진표(眞表)의 법성종, 원효의 정토종, 의상의 화엄종, 자장의 계율종으로 주로 진골 귀족들을 중심으로 신봉이 되었다. 특히 원효는 정토종을 만들어 백성들에게 '나무 석가모니불', '나무 관세음보살'을 외우면 극락세계에 갈 수 있다는 믿음을 주어 불교의 대중화에 크게 이바지하였다. 의상은 귀족들에게 환영받는 불교를 유행시켰으며, 혜초(慧超/惠超)는 인도를 유학하고 돌아와서 쓴 《왕오천축국전(往五天竺國傳)》을 남겨 8세기의 중국과 인도의 생활상을 아는데 귀중한 사료가 되고 있다.

신라 말기에 이르러 문자를 뛰어넘어 구체적인 참선 수행을 통하여 깨달음을 얻으려는 선종(禪宗)이 일어났다. 선종은 9개의 종파로 발전하였다. 9산선문은 장흥에 보조 체증선사의 가지산 보림사, 홍척국사가 지리산 실상사, 곡성군 죽곡동에 혜철국사의 동리산 태안사, 보령군 미산면에 무염국사의 성주사, 강릉군 구정면에 범일국사의 사굴산 사굴사, 영월군 수주면에 도윤국사의 사자산 흥녕사, 문경군 가은면에 도헌국사의 희양산 봉암사, 창원군 상남면에는 현욱국사의 봉림산 봉림사, 해주군 금산면에는 이엄선사의 수미산 광조사가 개산(開山)하였다. 9산선문은 지방 호족들과 결합하여 세력을 넓히면서 지방 호족들의 정신적 지주가 되었다. 이들은 지방 문화를 발전시키고 고려를 건설하는 정신적 바탕이 되었다.

14. 신라의 삼국 통일 의의

→ 긍정적인 면은 대당 전쟁을 통한 자주적 통일이며 새로운 민족 문화를 만드는 계기가 되었다. 부정적인 면은 외세의 지원을 받았으며, 불완전한 통일이라는 점이다.

신라는 진흥왕(眞興王)이 한강 유역을 차지하면서 인적·물적 자원이 풍부해졌다. 이에 고구려와 백제가 여·제 동맹을 맺어 대항하였다. 신라에서는 한강과 황해 건너 수나라·당나라와 교류를 하면서 협력을 하게 되었다.

수나라는 고구려를 4차례에 걸쳐 공격을 하였으나 실패하였기에 고구려를 견제하기 위하여 신라와 협력을 하였다. 당나라도 국왕인 태종의 지휘 하에 30만 명을 이끌고 고구려를 공격했다가 안시성에서 패함으로써 고구려에 대한 원(怨)이 남아 있었다. 당나라에서는 이 원을 풀기 위하여 신라에 협력하였던 것이다.

한반도에서 고구려와 백제가 협력을 함으로써 고립된 신라는 대륙에

계백 장군 묘

서 협력 파트너를 찾아야만 했다. 평소에 고구려에 적대적이었던 당나라는 신라에 적극 협력하였다. 더구나 당나라는 한반도에 대한 침략 야욕을 가지고 있었기에 기꺼이 협력을 약속하였다.

신라의 삼국 통일은 2단계에 걸쳐 이루어졌다. 1단계는 나 · 당 연합군과 백제, 고구려와의 싸움이다. 2단계는 신라와 당의 전쟁이었다.

신라는 의자왕(義慈王)이 말년에 사치와 전쟁으로 국론이 분열되어 국력이 약화되었기에 고구려를 고립시키고자 먼저 나 · 당 연합군은 백제를 공격하였다. 나 · 당 연합군은 진을 쳐 양편이 서로 대치하고 있을 때, 신라의 화랑 출신인 관창(官昌)이 나서서 백제군을 공격하였다. 그러나 결사대 5천이 이끄는 백제군도 만만치 않았다. 결국 관창은 사로잡히는 몸이 되었으나, 관창의 나이가 어림을 보고 계백(階伯)은 죽인 자식 생각이 나서 살려 보냈다. 관창은 화랑도의 세속 오계(世俗五戒) 계

계백 장군의 사당인 충곡사

율 중 임전무퇴(臨戰無退)를 어겼다고 생각하면서 다시 출진하기를 두 차례, 그러나 관창은 백제의 결사대에 다시 사로잡히는 몸이 되었다. 계백은 관창의 목을 베어 말에 묶어 신라 진영으로 보내니, 신라 군사들은 관창의 복수를 다짐하여 오히려 사기가 올라갔다. 그리하여 신라 군사들이 진격을 하니 백제의 결사대는 일당 백의 정신으로 굳건히 싸웠으나 무위로 끝나고 패배하였으며, 계백도 전사하였다. 계백의 패배로 백제는 결국 660년에 멸망하였다.

이제 한반도에서 고립된 나라는 고구려였다. 설상가상으로 고구려는 최고 권력자인 연개소문이 죽고 남생, 남건, 남산의 세 형제간에 싸움이 벌어져 지배층이 분열되었다. 당나라로 건너간 남생의 협력과 나·당 연합군의 침략을 받은 고구려는 668년에 멸망하였다.

비록 신라가 당나라의 힘을 빌리는 외세 의존적인 통일이었지만 한반도에 하나의 국가가 수립되는 계기가 되었다. 신라는 당나라와 군사 동맹을 맺으면서 적어도 평양 이남의 땅을 신라가 차지한다는 명분을 내세웠다. 그러나 당나라가 신라를 포함한 한반도에 대한 지배 야욕을 드러내자 신라는 문무왕을 중심으로 매소성과 금강 하구의 기벌포에서 당나라군을 물리침으로써 삼국 통일을 완성하였다.(676년)

당나라를 축출하고자 한 것은 자주적인 정신을 나타낸 것이며, 삼국의 문화가 하나로 합쳐져 진정한 한민족의 문화로 거듭날 수가 있었다. 하지만 고구려가 차지했던 만주와 요동 반도를 잃는, 영토적으로 반쪽 통일(대동강~원산만)이 되는 아쉬움이 있다.

! 신라의 통일 과정

연대	내용
진흥왕 13(553)	한강 유역 차지
영양왕 23(612)	고구려 · 수나라 전쟁(살수대첩-을지문덕)
보장왕 3(645)	고구려 · 당나라 전쟁(안시성 싸움-양만춘)
무열왕 7(660)	백제 멸망
무열왕 8~문무왕 2(661~3)	백제의 부흥 운동을 물리침-주류성(복신, 도침, 부여풍), 임존성(흑치상지)
문무왕 6(668)	고구려 멸망
문무왕 8(670)	고구려 부흥 운동을 물리침-한성(검모잠, 안승)
문무왕 14(676)	당나라를 쫓아냄(매소성과 기벌포)

백제와 고구려의 멸망 후 부흥 운동

▶ 백제와 고구려는 멸망한 후에 부흥 운동이 일어났으나, 지도층의 분열로 실패하였다. 하지만 고구려의 부흥 운동군은 신라와 연합하여 당나라 군사를 물리치는 데 협력하였다.

의자왕은 나·당 연합군이 쳐들어오자, 각 지방의 관리들에게 총동원령을 내렸는데, 군사가 부여성에 도착하기도 전에 백제가 멸망하였다. 부여성으로 들어오던 원정군은 각 지역에 흩어져 백제의 부흥 운동을 펼쳐 나갔다. 주류성에서 복신(福信)과 도침(道琛)을 중심으로, 그리고 임존성에서는 흑치상지(黑齒常之)가 백제의 부흥 운동을 높이 외쳤으나, 지도층이 흔들리면서 나·당 연합군에 역부족으로 실패하고 말았다.
지략이 뛰어난 흑치상지는 당나라에 포로로 잡혀갔으나, 토번(吐蕃)과 돌궐(突厥) 등 북방 민족들을 물리치는데 큰 공을 세워 대총관이 되었다. 그러나 모함을 받아 중국의 남부로 귀양 가서 생활하였다. 그리하여 지금도 베트남과 중국의 국경 지역에는 '흑치'라는 성을 가진 사람들이 살고 있다.
고구려를 멸망시킨 당나라는 고구려가 다시 일어나지 못하도록 철저히 탄압을 가하였다. 왕족과 귀족들, 부자 상인, 기술이 뛰어난 기술자 등 20만 명의 고구려 사람들을 당나라로 끌고 갔다. 당나라로 끌려가지 않은 사람들은 신라나 일본으로 가서 자리를 잡고 살았다.
그러나 무너진 고구려를 다시 일으키겠다는 꿈을 가진 사람들도 있었다. 검모잠(劍牟岑)은 평양성 부근의 수림성 출신의 대형이라는 벼슬을 지낸 무인이었다. 나라가 망한 설움을 뼈저리게 느낀 검모잠은 다시 옛날의 고구려를 찾고자 하였다. 그는 가는 곳마다 고구려 백성들을 모아 당나라 군사들을 공격하였다. 검모잠은 군사들을 이끌고 황해도의 한성으로 갔다. 한성에 도착하여 보장왕(寶藏王)의 아들인 안승(安勝)을 고구려 왕으로 삼았다.
당나라에서는 고구려를 다시 세우겠다는 고구려 부흥군을 가만히 두고 볼 수가 없었다. 당나라의 뜻을 알게 된 안승은 신라와 연합하여 당나라 군사를 물리치려고 했다. 하지만 검모잠이 반대하여 뜻을 이룰 수가 없자 검모잠을 살해하고 신라와 협력하였다. 그러나 안승의 뜻과 달리 신라에서는 안승 등 고구려 부흥 세력들을 신라왕의 신하로 만들려고 하였다. 안승 등은 무력항쟁으로 신라에 대항하여 싸웠지만 군사력에서 떨어진 부흥군은 패배하였다. 이로써 고구려 부흥 운동은 실패로 돌아갔다.
결국 백제와 고구려의 부흥 운동은 지도층의 분열로 실패하고 만 것이다.

15. 신라가 당나라를 축출하려던 이유

→ 당나라가 신라를 포함한 한반도를 차지하려는 야심을 가졌기 때문이다.

문무왕이 백제와 고구려를 멸망시킨 후에 당나라가 한반도에 대한 침략 야욕을 드러내자 당나라를 쫓아내야 하는 이유와 의지가 《삼국사기》권7 〈신라본기〉 '문무왕 11년'에 나타나 있다.

무열왕(武烈王)이 정관(당나라 2대 황제인 태종의 연호) 22년 (648)에 중국에 들어가 태종 문황제의 은칙을 받자올 때, 가로되 "짐이 지금 고구려를 치는 것은 다름 아니라 그대 신라가 고구려·백제에 핍박되어 항상 편안할 때가 없음을 애달피 여김이니, 산천 토지는 내가 욕심내는 것이 아니며, 옥과 비단과 여자도 내가 가지고 있는 것이다. 내가 양국을 평정하면 평양이남, 백제 토지는 다 그대 신라에게 주어 길이 편안하게 하려 한다." 하고, 드디어 계책을 내리고 군사 동원을 약속했다. ……(중략)……

진에 머무르는 당군은 집을 떠난 지 오래되어 의복이 해져 몸에 온전한 옷이 없으매, 신라는 백성에게 옷을 수집하여 철에 맞는 옷을 보내주었다. 도호 유인원이 멀리서 고성(孤城)을 지킬새, 사면은 모두 적이라 항상 백제인에게 포위당하고, 또 항상 신라의 구조를 받았다. 이리하여 1만의 당군을 4년 동안 신라가 입히고 먹였으니, 인원 이하 병사까지 피골은 비록 중국에서 출생했으나 혈육은 모두 신라가 돌보는 바였다. 당나라의 은택도 한이 없지만, 신라의 충성을 다함도 또한 생각할 만한 것이다.

······(중략)······

당이 1개의 사인을 보내어 원인을 묻지도 않고 곧 수만 명의 무리를 보내어 우리 근거지를 뒤엎으려 하여 병선이 바다를 덮고 배의 앞뒤가 바다에 이어져 있으며, 저 웅진에 정박하여 이 신라를 치니, 슬프다! ······(중략)······

16. 최고 정치 기구인 합좌 기관

→ **나라의 중요한 정책은 고관들이 회의를 거쳐 합의된 의견을 바탕으로 임금이 결정하였다.**

우리나라는 삼국 시대부터 임금 혼자만이 정책을 결정하지 않고 귀족 대표라든지 중요 관리들이 모여 나라의 중요한 정책을 의논하여 임금에게 의견을 표명했다.

삼국 시대에 국가의 중요한 일을 의논하였다는 것은 기록을 통해서 알 수가 있다.

《삼국지》〈위지〉'동이전'

고구려는 감옥이 없고, 범죄자가 있으면 제가들이 모여서 논의하여 사형에 처하고 부인과 자식은 몰수하여 노비로 삼는다.

《삼국유사》

백제의 호암사(虎巖寺)에 정사암(政事巖)이란 바위가 있다. 국가에서 재상을 뽑을 때 후보자 3~4명의 이름을 써서 상자에 넣어 바위 위에 두었다. 얼마 뒤에 열어 보아 이름 위에 도장이 찍혀 있는 사람을 재상으로 삼았다. 이 때문에 정사암이란 이름 이 생기게 되었다.

《신당서》

신라에서 큰일이 있을 때에는 반드시 많은 의견을 물어 대다 수의 의견으로 모아진 것에 따랐다. 이를 화백(和白)이라고 부른 다. 한 사람이라도 반대하면 통과하지 못하였다.

이러한 합의 기구는 왕권이 약하면서 귀족들의 힘이 강할 때 부족장 들이 모여 국가의 중대사를 의논하면서 생겨난 기구이다. 그러나 삼국 이 나라의 기틀을 다져가면서 왕권이 강해지자 중앙 귀족으로 편입된 귀족들이 국왕과 귀족 간의 의견을 조정하는 역할을 하였다.

이러한 전통은 발해의 정당성(政堂省), 고려의 도병마사(都兵馬使), 조 선의 의정부(議政府)와 비변사(備邊司)로 계승되었다. 그러므로 우리나 라는 모든 일을 국왕이 독재적으로 한 것이 아닌 중의(衆意)를 모아 결 정했던 것이다.

17. 왕권을 견제하는 관리 감찰 기관

→ 통일 신라 시대 이래 왕권을 견제하면서 관리를 감찰하는 기구를 만들 었다.

임금이 법도에 맞게 일을 처리하지 않거나 잘못이 있으면 이를 임금에게 간언(諫言)하는 간쟁(諫爭)과 부당한 명령에 대하여 거부권을 행사하는 봉박(封駁)을 주로 담당하는 이를 간관(諫官)이라 불렀다. 그리고 지위가 높은 문관이나 무관의 임명이나 새로운 법을 제정하거나 옛 법을 고칠 때에 이를 심사하고 동의하는 서경(署經)의 권한도 부여받았다.

이러한 제도는 통일 신라 시대부터 나타났다. 통일 신라 시대는 주로 관리를 감찰하기 위한 행정 기관으로 사정부(司正府)를 두었으며, 발해 시대에는 중정대(中正臺)를 두었다.

고려 시대에 접어들어 이 제도는 정착되었으니, 바로 어사대(御史臺)와 중서문하성(中書門下省)의 낭사(郎舍)였다.

조선 시대에는 삼사(三司)를 두어 이들의 권한을 더욱 강화하였다. 즉 관리를 감찰하는 사헌부(司憲府), 임금의 잘못을 간하는 사간원(司諫院), 임금의 자문 기관인 홍문관(弘文館)이 있다. 그러나 이들의 권한이 너무 막강하고, 이조 전랑(銓郞, 정랑과 좌랑)이라는 관직을 추천하는 자리였기에 붕당 정치의 한 원인으로 작용하였다.

? 알고 넘어가기

간관의 역할에 관한 사료

▶ 다음은 《삼봉집(三峯集)》에 수록되어 있는 사료이다.

대간은 마땅히 위엄과 명망이 우선되어야 하고 탄핵은 뒤에 해야 한다. 왜냐하면 위엄과 명망이 있는 사람은 비록 종일토록 말하지 않더라도 사람들이 스스로 두려워 복종할 것이요, 이것이 없는 사람은 날마다 수많은 글을 올린다 하더라도 사람들은 더욱 두려워하지 않기 때문이다. 의지가 굳세고 강직한 뜻과 정직한 지조가 본래 사람들에게 알려지지 못한 채 한갓 탄핵만으로 여러 신하들을 두렵게 하고 안과 밖을 깨끗이 하려 한다면 기강은 떨쳐지지 못하고 원망과 비방이 먼저 일어날까 두렵다. ……(중략)……
천하의 득실과 백성을 이해하고 사직의 모든 일을 간섭하고 일정한 직책에 매이지 않는 것은 홀로 재상만이 행할 수 있으며, 간관만이 말할 수 있을 뿐이니, 간관의 지위는 비록 낮지만 직무는 재상과 대등하다.

18. 삼국 시대의 문화

→ 삼국 시대의 예술 활동은 크게 두 가지 흐름이다. 하나는 중국 문화와 불교 문화의 영향을 받아 세련되고 다양하면서도 화려한 귀족예술이고, 다른 하나는 전통적인 성격이 남아 있어 소박한 민간예술이다.

고구려는 힘과 정열이 넘쳐 웅장하고 패기가 있으며 주로 북조의 영향을 받았다. 백제는 우아하고 세련되었으며 주로 남조의 영향을 받았다. 초기의 신라는 소박하였고, 후기에는 엄격하면서도 조화를 이루었는데 이는 고구려와 백제의 영향을 받았기 때문이다. 삼국은 불교를 받아들여 각각 불상을 제작하였다. 대표적인 불상은 고구려의 연가 7년명 금동 여래 입상, 백제의 서산 마애삼존불, 신라의 금동 미륵 반가사유상이다. 백제의 서산 마애삼존불은 글자 그대로 절벽의 바위에 부처를 비롯한 보살을 새긴 것이다.

미술, 공예에도 뛰어난 솜씨를 남겼으니 고구려는 고분에 벽화를, 백제는 금동 용봉 봉래산 향로, 신라는 장식품인 금관과 귀걸이, 옥대를 남겼다. 백제의 금동 용봉 봉래산 향로는 부여 능산리 고분에서 나왔으

군무도

수렵도

며, 도교와 불교의 영향을 받은 금속 공예품이다. 석조물로 고구려는 광개토대왕릉비가, 백제는 목탑 양식의 석탑인 미륵사지탑과 정림사지탑을, 신라는 모전탑인 분황사탑과 태종무열왕릉 귀부를 각각 남겼다. 화가로 고구려에서는 담징이 일본의 호류사에 금당벽화를 남겼으며, 신라에서는 솔거가 황룡사 9층 탑에 벽화를 그렸다고 전해진다.

삼국 시대의 문화는 고분에 많이 남아 있다.

고구려의 고분은 초기에는 적석총(積石塚, 돌무지 무덤)을 만들었다가, 점차 토총(土塚)으로 굴식 돌방무덤을 만들었다. 적석총으로는 장군총과 태왕릉이 대표적이며, 굴식 돌방무덤으로는 쌍영총, 무용총, 강서고분이 있다. 장군총은 화강암을 계단식으로 7층을 쌓아 올렸는데, 폭은 30m, 높이가 13m에 이른다. 굴식 돌방무덤은 겉으로는 흙으로 쌓은 무덤처럼 보이나 내부는 굴을 뚫고 돌로 쌓아 방을 만든 형태이다. 돌방의 벽에는 무용 · 수렵 · 씨름 · 사신 등 많은 벽화가 남아 있어 고구려 사람들의 생

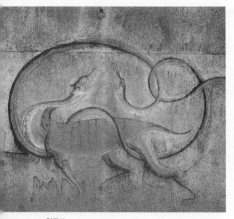
현무도

천마도

활 방식을 알 수 있다.

백제는 한성 시대에는 돌무지 무덤으로 고구려의 영향을 받았으며, 석촌동 고분군이 대표적이다. 5세기 이후 웅진으로 서울을 옮긴 이후 남조의 영향을 받은 벽돌무덤과 굴식 돌방무덤이 함께 나타난다. 무령왕릉은 벽돌무덤으로 벽돌에 장식된 무늬로 따로 벽화를 그려 넣을 필요가 없었으나, 부여의 능산리 고분에는 사신도와 같은 벽화가 남아 있다.

신라는 거대한 돌무지 덧널무덤을 만들었는데, 나무판으로 시신을 안치할 관을 만든 뒤 그 위에 돌을 쌓아 올린 무덤이다. 천마총과 금관총 등이 대표적인 무덤으로 도굴 가능성이 낮아 유물들이 고스란히 남아 있다. 천마총에서는 말안장으로 쓴 자작나무에 그린 천마도가 발견되었다.

III

남북국 시대

1. 동북공정(東北工程)의 모순

→ 정치 제도나 주민 구성, 성곽의 구조 등으로 볼 때 우리 민족이 세운 국가이다.

우리는 발해(渤海)에 대하여 얼마나 알고 있을까?

아마도 발해는 '고구려 부흥 운동의 결과 성립된 나라이며, 발해를 세운 대조영(大祚榮)은 고구려 장군이고, 발해의 지배층은 고구려 사람이다.' 등에 불과할 것이다. 이것은 발해에 대한 연구가 활발하지 못했기 때문이다. 그 이유로 발해에 대한 유물·유적이 거의 남아 있지 않고, 연구할 역사 자료도 거의 없는 형편이다. 또한 남북으로 분단된 상황에서 발해의 유적이 있는 연해주나 만주를 마음대로 가서 조사할 수 없기 때문이기도 하다.

발해 석등

우리는 발해의 역사가 우리 민족의 역사라고 주장한 데 반하여, 중국은 자기 나라의 역사라고 주장하고, 러시아와 일본은 말갈의 역사라고 하고 있다. 중국인들은 발해에 대하여 대조영을 발해왕으로 임명한 것

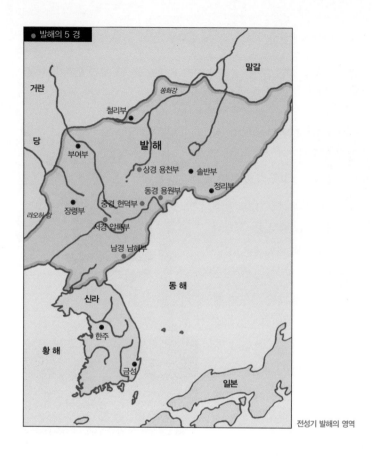

전성기 발해의 영역

을 가지고 당나라에 지배를 받은 나라이며, 당의 문화(정치 제도, 미술 등)의 영향을 받았기 때문에 중국의 지방 정권에 해당한다고 보고 있다. 비록 발해가 당나라 문화의 영향을 받았으나, 고구려 문화를 바탕으로 한 독자적 문화이며 정치 제도 또한 당의 3성 6부를 본받았으나, 그 구조에 있어 전혀 다른 구조를 지니고 있으므로 중국에서 말하는 지방 정권이라는 주장은 모든 것을 중국 중심으로 보려는 그들의 생각에서 나온 것이라 할 수 있다.

러시아와 일본은 《구당서(舊唐書)》에 '대조영은 고구려와 다르다……' 라 한 것으로 고구려와 동일족이 아닌 속말 말갈족이라고 주장하면서, 발해사는 말갈의 역사라고 강조하고 있다. 그러나 고구려와 다른 민족이라고 하여 무조건 말갈족이라는 해석은 잘못된 것이며, 당시에는 말갈족과 고구려인이 다른 민족이 아닌 같은 언어와 생활권 안에서 살았던 같은 민족이라는 생각을 가지고 있었다. 더구나 고구려 시대가 시작된 기원전 37년에서 고구려가 멸망한 668년까지 약 705년간 같이 생활해 왔다고 보았을 때, 고구려인과 말갈족을 다른 민족으로 구분지을 필요가 없다고 보며, 더 크게 보았을 때 말갈족의 후예인 여진족이나 만주족이 세운 금(金)과 청(淸)도 우리 역사의 일부로 잡아야 되며, 거란족의 요(遼)도 우리 역사의 일부로 여겨야 되리라 생각된다.

《삼국유사》의 기록에서 '고구려의 옛 장수 대조영은…… 말갈과 다른 종족……' 이라 한 것이나, 발해가 일본에 보낸 국서에서 '고구려의 옛 땅을 되찾고…… 고구려 국왕 대흠무' 라 한 것으로 미루어 우리 민족의 역사임이 분명하다.

또한 중국에서는 거의 대부분의 성을 평지에 쌓았다. 반면에 고구려나 발해는 외적을 방어하기에 유리하고 외적을 감시하기에 용이한 산에 성을 쌓은 점도 들 수가 있다.

발해가 중국과 다른 독자적인 문화를 형성했음은 정치 제도에서도 알수가 있다. 발해의 중앙 관제는 당나라의 중앙 관제인 3성 6부를 모방하고 있는 듯하다. 하지만 발해의 3성은 당나라와는 다르게 정당성의 장관인 대내상 아래 좌사정과 우사정을 두어 6부를 양분하여 감독하는 이원적인 통치 체제였다. 이 제도는 당나라의 제도와 크게 차이가 나는 것이며, 정당성의 대내상을 국무총리로 좌·우상제를 가지고 있으며, 명칭이 다른 6부를 구성하고 있다. 6부에 소속된 관청도 당은 1부에 4개씩 24개였으나 발해는 1무 1사의 체계를 가지고 있어 당나라의 제도와는 차이가 많이 나고 있다. 발해 6부의 명칭이 충(忠), 인(仁), 의(義), 지(智), 예(禮), 신(信) 등 5행의 덕목을 사용한 점은 발해 문화가 당나라와 다른 독자적 문화라는 것을 보여주는 것이다.

결국 발해가 멸망한 후 그 나라를 계승한 나라가 없었고, 그 역사를 기록한 나라도 없었다는 점이 여러 나라가 자기 나라에 유리한 해석을 하게 만든 원인이 되었다. 우리나라에서는 조선 후기에 실학이 본격적으로 연구되기 시작하면서 발해에 관심을 가지게 되었다. 유득공(柳得恭)의 《발해고(渤海考)》에서 나타나기 시작했으나, 중국을 중심으로 했던 역사관에서 발해의 위치는 아주 작을 수밖에 없었다.

그러나 지금부터라도 러시아와 중국, 그리고 우리나라가 공동으로 연구하여 우리의 역사를 되찾을 수 있도록 노력해야 하며, 이것이 독도 문제 등 오늘날의 영토 문제가 많이 나오는 이 시점에 우리의 국토를 넓힐 수 있는 중요한 밑바탕이 될 것이다.

❓ 알고 넘어가기

동아시아 제2의 도시, 발해의 서울 상경 용천부(上京龍泉府)

발해의 서울은 755년(문왕 19)에 동모산(東牟山) 아래의 중경 현덕부에서 동북쪽으로 약 150킬로미터 떨어진 상경 용천부(上京龍泉府)로 서울을 옮겼다. 상경 용천부는

동모산

성산자산성

785년 9년간 잠시 동경으로 옮겼다가 돌아와 발해가 멸망할 때까지 자리했었다.

상경 용천부가 발해의 수도가 된 것은, 외적 방어에는 중경 현덕부가 유리했지만 경제적인 면에서는 많은 사람의 식량을 보다 쉽게 해결할 수 있었기 때문이었다. 상경 용천부는 크게 외성과 내성, 궁성의 3중으로 이루어져 있다. 외성의 길이가 16.3킬로미터나 되고, 내성의 길이는 3,986미터이다. 상경 용천부에는 남북으로 2,195미터, 폭은 110미터나 되는 도로를 중심으로 시가지가 이루어져 있다. 이 도로는 당나라의 서울에 있는 도로인 장안 도로 이름을 따서 '주작대로'라 부르기도 하였다. 상경 용천부에는 80만 명에서 최대 120만 명까지 살았을 것으로 추측되며, 당시 당나라 장안성에 이어 동아시아에서 두 번째로 큰 도시였다.

자금성으로 불렸던 궁성은 7개의 궁궐터가 있다. 제1궁전과 제2궁전은 나라의 중요한 행사를 치렀던 곳이며, 제3궁전과 제4궁전은 왕족이 살았던 곳으로 추측된다. 그런데 왕족들이 잠을 자던 침실터에서 구들이 발견되어 고구려의 문화를 이어받았으며, 일반 백성들과 차이가 없는 서민적인 문화를 이루고 있다는 사실을 보여주고 있다.

지배층인 고구려 유민과 피지배층인 말갈족으로 구성되어 있던 발해는 회화, 조각, 공예, 건축 등 다양한 방면으로 문화가 발전하였다. 발해 시대의 지상 건물은 남아 있지 않지만, 유적의 발굴을 통해 보면 그 규모나 웅장함에 놀라게 된다.

발해의 도읍이었던 곳을 중심으로 많은 고분이 남아 있는데, 육정산 고분군은 정혜 공주 묘가 있는 곳으로, 용두산 고분군은 정효 공주 묘가 있는 곳으로 유명하다.

정혜 공주 묘의 벽화, 불상, 와당을 비롯한 각종 공예품들이 발굴되었으며, 발해의 미술 수준이 매우 높았음을 증명하고 있다.

발해의 미술로서 뛰어난 수준을 보였던 것은 특히 조각에서였다. 현재 남아 있는 것은 규모가 작은 돌 조각상들과 소조불상 몇 점인데, 돌 조각으로는 정혜 공주 묘에서 출토된 석사자상이 눈길을 끌고 있다. 발해의 미술은 고분에 벽화를 남기고 있는 것으로 미루어 대체로 고구려 미술의 전통을 계승하고 당나라 문화의 영향을 수용하여 그 나름의 미술을 발전시켰다고 볼 수 있다.

2. 발해와 신라의 교류

→ **신라도를 만들어 발해는 신라와 교류를 하였다.**

초기에는 발해와 신라의 관계가 적대적이었다. 특히 고구려를 멸망시킨 신라였기에 발해의 신라에 대한 적대감은 대단히 컸다. 그리하여 무왕 때에는 돌궐과 일본을 연결하면서 당나라의 산동 반도를 공격하기도 하면서 당나라와 신라를 견제하고자 하였다.

그러나 문왕 이후 발해에는 당나라와 신라 사이에 해빙 무드가 형성되었다. 문왕은 독자적으로 나라를 발전시킬 수 없다고 판단하여 경제ㆍ문화적으로 선진문화를 가진 당나라와 신라 등과 교류를 하기 시작하였다. 문왕은 국내적으로는 왕권이 강화되었음을 알리며, 대외적으로는 당나라와 대등하다는 것을 나타내기 위하여 연호를 사용하였다. 그리고 신라와 오갈 수 있는 교통로인 '신라도(新羅道)'를 개설하였다. 신라도는 발해의 도읍인 상경을 출발하여 동경과 남경을 거쳐 동해안을 따라 신라의 울산에 이르던 교통로를 일컫는다. 8세기 전반에 만들어진 것으로 추정하고 있으며, 8세기 후반에서 9세기 전반까지 발해와 신라가 자주 통행했던 것으로 추정된다.

발해가 가장 활발하게 교류한 곳은 일본이었다. 《신당서》에 '동경 용원부는 동남쪽으로 바다에 접하고 있으며, 일본으로 향하는 출발지이다.' 라고 나와 있다. 《신당서》에 나와 있는 길이 바로 발해와 일본 사이에 왕래했던 '일본도'이다. 이 일본도를 통하여 발해는 신라를 견제하기 위하여 일본과 정치적으로 교류하는 한편, 중국과 일본 사이에서 중계무역을 하여 경제적 이득을 꾀하였다.

이 밖에 발해는 거란과도 교류를 하였다. 거란도를 통하여 이루어진 발해와 거란의 교류는 상경에서 숭령을 지나 부여부에 이르고, 여기에서 다시 몇 개 지역을 거쳐 거란의 도성인 임황에 이르는 길을 통해 이루어졌다.

❗ 발해의 중앙 관제

신라와 발해의 교류를 보여주는 사료

《삼국사기》〈신라본기〉 '원성왕조'에 '원성왕 6년(790) 정월에 김종기를 시중으로 삼았다. 3월에 일길찬 백어를 사신으로 임명하여 북국으로 보냈다.'고 나와 있다.

또한 《삼국사기》〈신라본기〉 '헌덕왕조'에 '헌덕왕 4년(812) 봄에 김균정을 시중으로 삼았다. 9월 급찬 숭정을 사신으로 보냈다.'고 나와 있다.

두 사료로 볼 때 발해와 신라가 교류했음을 알 수가 있다. 그리고 발해를 북국으로 불렀다는 것을 보여주고 있다.

3. 신라는 아라비아 인의 영원한 이상향

→ 실크로드는 아라비아 지역과 동아시아를 잇는 길이었으며, 바닷길도 열려 있었으므로 아라비아 인의 왕래 가능성은 매우 높아 처용 또한 아라비아 인일 가능성이 높다. 10세기 초에 간행된 이슬람 문헌에는 신라를 이상향으로 생각하는 아라비아 인들의 동경심이 잘 나타나 있다.

우리는 고려 시대의 무역항으로 벽란도(碧瀾渡)를 들고 있다. 이 항구를 통하여 우리나라가 이곳을 드나들던 아라비아 인에 의해 코리아(KOREA)로 알려지게 되었다.

그런데 통일 신라 시대에 울산항을 통해 아라비아와의 무역이 활발했으며, 신라의 대표적 향가인 〈처용가(處容歌)〉의 주인공 처용도 아라비아 인일 가능성이 높다고 한다.

10세기 초에 아라비아 지역에서 출간된 여러 이슬람 책에 따르면 아라비아 사람들이 신라를 이상향으로 생각했던 것을 알 수 있다.

중국 해안의 맞은편에 위치한 신라와 그 부속 도서들만이 우리들에게 알려져 있다. 이곳에 아라비아 사람들이 정착하여 자신의 조국으로 삼고 살았다. 유목생활을 하는 아라비아 사람들에게 신라 땅은 신선한 공기, 깨끗한 물, 비옥한 토지, 상업과 농업의 발달, 빛나는 보석들이 풍부하여 신라 땅을 떠나지 않고 정착하였으며, 다시 아라비아 땅으로 가는 사람은 드물었다.

1987년 경주시 황성동 고분에서 많이 출토된 토용(土俑)은 아라비아 사람들이 신라로 이주해 왔음을 알게 해주는 자료이다. 흙으로 사람과 동물의 형상을 빚은 것을 토용이라고 하는데, 황성동 고분에서 출토된 것은 우리나라 사람의 얼굴과는 전혀 다른 모습을 하고 있다. 또한 경상북도 경주시 외동읍에 위치한 신라 37대 왕으로 추정하는 괘릉에 서 있는 석인(石人) 중에는 우리나라 사람의 모습이 아닌 아라비아 사람으로 생각할 수 있는 석인이 있다. 석인은 아라비아 사람의 깊은 눈, 넓은 코, 숱이 많은 수염 등을 하고 있다.

괘릉 무인상

경주에 있는 많은 고분에서 발견되는 유물 중에는 서역 문화의 유품들이 발견되어 울산항을 통하여 많은 아라비아 인들이 들어왔음을 알게 해준다. 즉 경주 부근의 신라 고분인 금관총, 금령총, 서봉총, 천마총 등에서 출토된 관옥(管玉)과 곡옥(曲玉) 및 가지 모양을 한 구슬 등 여러 가지 형태의 장식품과 함께 유리 제품인 팔찌, 병, 술잔 등이 많이 발견되는데, 이중 도마형 유리 기구는 아라비아 상인을 통하여 흑해와 남러시아에서 실크로드를 거쳐 신라로 들어온 것으로 추측된다.

향가(鄕歌)인 〈처용가〉에 등장하는 처용이 880년쯤 바닷길을 통해 신라에 도착한 아라비아 인으로 추정하는 사람도 있다. 턱수염이나 깊은 코 등이 보이는 처용의 가면은 중동 출신의 아라비아 인으로 추정할 수 있다.

고려 시대에도 아라비아 사람들은 우리나라를 활발하게 오갔다. 고려 현종(顯宗) 15년(1024)에는 아랍계 상인들이 공물(貢物)을 바쳤다는 기록이 있으며, 더 나아가 1274년 충렬왕의 왕비 장목 왕후를 보좌한 아라비아 인 시종이 고려에 귀화하여 장순룡(張舜龍)이라는 이름을 받고 고려 여인과 혼인했는데, 오늘날 덕수 장씨의 시조로 알려진 인물이라고 한다.

조선 시대에도 《왕조실록》에 아라비아 사람들이 등장하는데, 아라비아 인을 회회인(回回人)으로 불렀다. 이들은 정부로부터 봉급과 집을 선사받아 생활하면서 수정·채집 등 특수한 일에 종사했다는 기록이 있다. 이 사실로 보아 아라비아 인은 오래전부터 우리나라 땅에 자주 왕래했음을 알 수 있다.

4. 골품제에 대하여 불만을 가진 6두품

→ **학문이 뛰어났으나 사회적 진출이 제한된 6두품(六頭品)은 신라 말기에 새로운 국가 건설에 참여하였다.**

신라의 신분 제도에 골품(骨品) 제도가 있었다. 신라는 연맹 왕국에서 고대 국가로 발전하는 과정에서 정복한 각 부족장을 서울인 경주로 옮겨 살게 하면서 중앙의 지배 체제 속으로 편입시켰다. 이때 부족의 크기에 따라 이들 세력의 등급과 서열을 정하기 위한 목적으로 골품 제도가 만들어졌다.

부모가 둘 다 왕족인 경우 성골(聖骨), 한쪽만 왕족이면 진골(眞骨), 대부족장은 6두품, 중부족장은 5두품, 소부족장은 4두품으로 하여 귀족으로 편입하였다. 나머지 3,2,1두품은 평민으로 대우하였다.

그러나 진덕 여왕을 끝으로 7세기 중반 이후에 성골이 사라지면서 무열왕 이후에는 진골이 왕위를 이어받았다.

골품제의 신분에 따라 관직 진출에 한계가 있었다. 진골은 1등급까지, 6두품은 6등급, 5두품은 10등급, 4두품은 12등급까지 승진이 가능하였다. 특히 얻기 어려운 신분이라고 하여 '득난(得難)'이라고 불린 6두품은 학문이 뛰어났으나 사회적 진출의 제한으로 말미암아 이 제도에 대하여 불만이 많았다. 《삼국사기》를 보면 '설계두는 신라의 귀족 자손이다. 일찍이 친구 네 사람과 술을 마시며 각기 그 뜻을 말할 때, "신라는 사람을 쓰는데 골품을 따져서 그 족속이 아니면 비록 뛰어난 재주와 큰 공이 있어도 한도를 넘지 못한다. 나는 멀리 중국에 가서 나의 뛰어난 실력을 발휘하고 큰 공을 세워 영화를 누리며, 높은 관직에 어울리는 칼을 차고 천자 곁에 출입하기를 원한다."라고 하였다. 그는 621년 몰래 배를 타고 당으로 갔다.'에서 6두품의 불만을 알 수가 있다.

이들은 진골 귀족의 집중적인 견제로 관직 진출에 제한을 받아 그 뜻을 신라에서 펼치기가 어려워 당나라에 건너가 외국인을 상대로 실시하는 과거 시험인 빈공과(賓貢科)에 응시하여 벼슬을 하였다. 김가기(金可紀), 양열, 최치원(崔致遠) 등이 당나라에서 빈공과에 합격한 대표적인 학자이다. 이들은 당나라 황제의 곁에서 활동을 하였으며, 최치원은 당나라 말기에 황소(黃巢)의 난이 일어나자 '토황소격문'을 지어 유명해졌다. 최승우는 후백제의 견훤(甄萱)을 도와 나라의 기틀을 다지는데 도움을 주었으며, 최언위(崔彦,=신지(愼之)) 등은 고려의 왕건이 나라를 세울 때 힘을 보탰다.

❗ 남북국 시대의 제도

	통일 신라	발해
중앙정치	집사부 중심 (왕권 강화)	3성 6부 (독자적 운영)
귀족 회의	화백 회의	정당성
지방 행정	9주-주·군·현 (지방관 파견), 촌 (촌주가 관리) 5소경-지방관리, 왕권 강화	5경 15부 62주 (5경은 지방의 주요 지역) 촌락은 토착 세력가가 통치
군사 조직	중앙군 (9서당-민족 융합적 성격) 지방 (10정-각 주에 1정과 지역이 넓은 한주에 2정을 설치)	
토지 제도	귀족: 녹읍→관료전 (신문왕)→녹읍 농민: 정전	
상업의 발달	경주에 3개 시장 개설 무역 발달-울산항 (아라비아 상인) 영암과 당성을 통한 당과의 교류	당과 일본 사이에서 중계무역 교류 활발-신라도, 일본도, 거란도

6두품 중에서 외교 문서에 뛰어난 인물은?

▶ 강수(强首)는 명문장으로 무열왕을 감탄하게 하였다.

지금의 충주에서 내마 석체(昔諦)의 아들로 태어난 강수(强首)는 본명이 우두(牛頭)이다. 어려서부터 스스로 글을 깨우치며, 뜻을 통하게 하였다.

강수는 《효경(孝經)》, 《곡례》, 《문선(文選)》 등을 읽었는데 하나를 들으면 열을 알 정도였다. 그리하여 벼슬길에 나아가 여러 관직을 두루 역임하고 세상에 알려지게 되었다. 특히 강수는 외교 문서에 능하였으니, 무열왕이 즉위하여 당에서 사신이 왔는데 그 중에 알기 어려운 것이 있었다. 이에 무열왕이 강수를 불러 물으니, 왕 앞에서 하나도 막힘없이 해석·설명하니 무열왕이 기뻐하며 이름을 물었다. 강수가 대답했다.

"신은 본래 대가야 사람으로, 이름은 우두(牛頭)이옵니다."

강수의 대답에 무열왕이 말했다.

"경의 얼굴 모양을 보니 강수 선생(强首先生)이라고 할 만하다."

무열왕이 말한 이후부터 이름보다 강수로 더 알려지게 되었다. 무열왕이 강수에게 당나라 왕의 조서에 회답하는 서신을 짓게 하니, 감탄할 정도의 명문장을 지어 더욱 무열왕의 신임을 받았다. 무열왕이 죽고, 문무왕이 즉위하고 나서 고구려를 멸망시키고, 이어서 한반도를 지배하려고 하는 당의 야욕을 무너뜨린 뒤에 문무왕은 강수의 외교를 언급하면서 그의 공을 치하하였다.

"강수는 글로써 다른 나라와 우호 관계를 맺게 하였으며, 당에 군사를 청할 때에 강수의 글이 크게 도움이 되어 오늘날 이처럼 통일의 대업을 이루었으니, 어찌 그 공이 크지 않겠느냐?"

문무왕은 강수에게 사찬(沙湌)의 벼슬을 주었다. 통일을 이룬 후에는 오늘날의 대학격인 국학(國學)을 처음으로 세워 설총과 함께 사서오경(四書五經)으로 제자들을 가르쳤다. 강수는 효소왕 1년(692)에 세상을 떠났다.

5. 당나라에 세운 한(韓) 왕국, 제(齊)나라

→ 이정기가 세운 제나라는 한반도보다 넓은 지역을 다스린 한(韓)민족의 왕국이었다.

고구려의 후손인 이회옥은 평로의 도청소재지인 영주에서 당나라, 위구르족과 함께 군인으로 근무했다. 평로를 다스리던 절도사가 세상을 떠나자, 절도사 자리를 차지하였다. 당나라에서는 이정기를 자신의 편으로 만들기 위하여 '요양군왕'으로 삼았다. 10만의 군사를 거느린 이정기를 무시할 수 없었던 것이다. 이정기는 어느 정도 세력기반이 다져지자 스스로 관리들을 임명하고, 세금을 거두었다. 그리고 당나라에서 벗어난 행정과 경제·군사·외교권 등을 행사하게 되었다. 또 부근의 강한 세력과 결혼 동맹을 맺어 힘을 키워나갔고, 777년에 이영요의 난을 물리치면서 당나라의 가장 중요한 군사기지인 서주 등 내륙 5개주를 차지하여 당나라와 맞서는 국가가 되었다.

이정기가 다스렸던 15개 주의 영토는 지금의 산둥성(산동성) 일대와 안후이성(안휘성)·장쑤성(강소성)의 일부까지 포함하여, 오늘날의 한반도보다 넓은 지역이었다. 인구도 고구려의 인구가 약 400만 명이었으니 그보다 많은 5백40만 명 정도였다.

이정기가 차지한 서주는 중국의 남북과 동서를 잇는 육상 교통의 중심지일 뿐만 아니라, 세금을 운반하는 강의 중요 지점으로 당나라의 경제를 마비시켜 당나라의 경제를 좌우하게 되었다.

그러나 이정기가 죽자, 이납은 783년에 국내외에 고구려를 계승한 제나라임을 선포하였다. 그리고 관리들을 임명, 당나라에서도 제나라를 인정하고 화해를 맺었다. 이로써 고구려가 멸망한 지 115년 만에 중국에 또 하나의 고구려가 생겨나게 되었다.

이납의 뒤를 이어 아들 이사고가 제나라를 이끌었다. 이사고는 망명자를 후하게 대해주고, 범죄자까지 끌어들여 제나라를 강화해 갔다. 특히 이사고는 지방 관리를 임명하면서 이들의 반란을 예방하기 위하여 그들의 가족을 치청(淄靑, 제나라)에 머물게 하는 정책을 썼다. 이사고가 다스리던 제나라와 당의 관계는 소강상태를 이뤘으나, 번진 간의 영토 쟁탈전이 오히려 가열되었다.

제나라는 이사고가 죽으면서 쇠퇴의 길을 걷게 되었고, 당나라에서도 헌종이 임금이 되면서 제나라에 대한 토벌이 강화되었다. 그동안 제나라와 연합 작전을 폈던 다른 절도사들의 배신으로 이사고의 뒤를 이은 이사도가 모든 국력을 동원하여 막으려고 하였으나 당 헌종 13년(819) 2월에 55년을 유지해왔던 제나라는 무너지고 말았다.

6. 장보고는 국제 무역의 개척자

→ 장보고(張保皐)는 청해진(淸海鎭)을 신라, 일본, 중국을 잇는 국제 무역 중심지로 유구, 대만 등 동남아시아 국가들과도 교류를 하였다.

옛날에 선진문화인 중국의 문화를 받아들이기 위해서는 한강을 통해 서해(황해)를 거쳐 중국으로 가야만 했다. 그래서 고구려, 백제, 신라 삼국 간에 전투가 격렬하게 벌어진 곳이 바로 한강이다. 이처럼 바다는 중요한 교통로이자 해상 무역로이지만 우리 조상들은 바다를 그다지 중요하게 여기지 않았던 듯싶다.

해상의 중요성을 알고 처음으로 개척하려고 한 사람이 장보고(張保皐)이다. 9세기경 일본의 승려 엔닌이 중국을 여행하고 쓴 《입당구법순례행기(入唐求法巡禮行記)》에 보면, 신라는 동양 삼국(한국, 중국, 일본) 중

청해진 전경

조선술이 가장 뛰어나고 항해술이 발달하여 황해와 동지나해, 그리고 대한해협의 해상권을 장악했다고 되어 있다. 이것은 신라에 장보고라는 인물이 있었기 때문에 가능했던 것이다.

장보고는 완도 청해진에 근거를 두고 황해와 중국해 및 동해의 해상 경영권을 장악하여 라이샤워 교수가 말한 대로 '해양 상업 제국의 무역왕 (The Trade Prince of the Marine Commercial Empire)'으로 군림했다. 중국과 한국, 일본의 바다를 신라인들의 일터로 가꾸는 데서 그치지 않고, 더 나아가 '신라방(新羅坊)'이라는 한인촌을 세워 자치 지역처럼 다스렸던 장보고는 오늘날 싱가포르와 홍콩이 전개하는 중개 무역을 그 당시에 이미 시작하고 있었던 것이다. 그래서 신라에 막대한 무역 이익을 안겨주어 실로 황해와 동지나해, 대한해협은 한국의 실크로드 역할을 하였다.

장보고가 이처럼 막강한 청해진을 설치한 이유는 무엇일까?

그가 어디서 누구를 부모로 하여 태어났는지는 알 수 없으나, 확실한 것은 그가 당나라에 가서 무령군 소장(武寧軍小將)이라는 관직에 올랐다가 귀국했다는 사실이다. 그는 귀국한 뒤에 흥덕왕(興德王, 재위 826~836)에게 "중국의 어디를 가든지 우리나라 사람들을 노비로 삼고 있습니다. 청해에 군사기지를 설치해 해적들이 사람을 약취하여 서쪽으로 끌어가지 않게 조치를 취해 주시기 바라나이다." 하고 주청하니, 왕이 장보고에게 군사 1만 명을 주어 완도에 청해진을 설치하도록 명을 내렸다. 그 후 해상에서의 인신매매가 없어졌다고 《삼국사기》에 씌어 있다.

이렇듯 독자적인 세력을 해상에 건설한 장보고는 신라 말기의 대표적인 지방 세력으로 발전했다. 여기에 신라 조정의 왕권 투쟁에까지 관여하여 민애왕(閔哀王, 재위 838~838) 일파를 격파하고 김우징(金祐徵)을 신무왕(神武王, 재위 838~839)이 되도록 하는 데 크게 공헌했다.

그러나 신라 조정에서는 독자적인 자치 정권이나 다름없는데다가 국왕까지도 바꿀 수 있는 막강한 힘을 지닌 장보고에 대해 두려움을 갖기 시작했다. 결국 신라 조정은 장보고의 친구인 염장(閻長)을 파견해 그를 살해하고 청해진을 폐쇄시키니, 신라는 장보고 시절의 화려했던 '해상 경영권'을 다시는 되찾지 못한 채 멸망으로 치달았다.

7. 옛날의 코리아타운(Korea town)

→ 중국과 왕래가 많았던 우리나라는 통일 신라 이래 우리나라 사람끼리 모여 사는 코리아타운을 만들어 함께 도움을 주고받으며 살아왔다.

통일 신라 시대에는 당과의 교섭이 매우 활발하였다. 국가 간 공식적인 사신 왕래와 더불어 경제 · 문화적으로 선진 지역인 당나라에 신라의 유학생과 승려, 상인이 많이 왕래하였다. 이들은 지금의 남양만 근처인 당항성에서 산둥 반도로, 전남 영암에서 상하이 방면으로 바닷길을 이용하여 왕래를 하였다. 그런데 아무래도 외국이다 보니 중국말을 알아야 했고, 결과적으로 신라인끼리 모여 살면 서로 도움을 주고받을 수가 있으니, 신라인의 왕래가 빈번한 산둥 반도의 등주, 밀주와 양주, 호주 등의 지방에 신라인들의 거주지가 생겨난 것이다. 이곳(이를 신라방이라 한다.)에는 상인과 선주(船主), 혹은 뱃사람이 대부분이었다.

요즈음에 한국인이 있는 곳이면 한국인의 외교 업무와 사무 관계를 처리하는 공사관 · 영사관 · 대사관이 있고, 그 밖에 종교시설, 한국인을 상대로 하는 여러 가지 부대시설이 있는 것과 마찬가지로 당시에도 신라인들의 거주지에는 자치적 행정 기관 겸 신라인을 다스리기 위한 관청으로 신라소(新羅所)가 있었으며, 종교 시설로는 사찰을 지었으니 신라원(新羅院)이라 하였는데, 대표적인 것이 장보고의 법화원(法華院)이다. 편의 시설로는 신라관(新羅館)이 있는데, 신라의 유학생, 승려, 사신의 편리를 도모하기 위한 여관이었다.

이런 면에서 볼 때 당시의 코리아타운인 신라방은 규모가 매우 컸으며, 신라에서 당의 왕래가 빈번하였음을 알려주는 증거이다.

'Korea'라는 말은 후에 고려 시대 때 벽란도에서 무역을 행하던 아라비아 상인에 의해 사용되었다.

고려 후기 원의 간섭을 받던 시절에 충렬왕(忠烈王)과 충선왕(忠宣王)이 원의 수도인 심양에 만권당(萬卷堂)을 짓고, 학문을 연구하는 많은 고려인이 집단으로 이주하여 코리아타운을 형성하였다. 이 시기에 고려인들이 공녀(貢女)의 형태로 몽고로 이주하였으며, 환관(宦官)이나 몽고의 권력층에서 시종을 하던 다수의 고려인 또한 코리아타운을 형성하였다. 그리하여 고려의 풍속이 몽고에서 유행하였으니 이를 고려양(高麗樣)이라 한다.

한말에 이르러 우리나라는 기울어져 가는 국운에 외세의 각축장이 되어 있었고, 1901년의 대흉작은 농민들로 하여금 삶을 부지할 새로운 곳을 찾게 하였다.

우리나라 백성들이 이때 삶의 터전으로 삼기 위하여 떠난 곳이 바로 간도와 연해주였다. 노동력이 부족한 하와이 사탕수수 농장 경영주들이 중개인을 통해 한국 농민들의 이민을 주선하게 했다.

이에 우리 정부는 1902년 8월에 이민을 담당할 수민원(綏民院)을 설립하여, 1902년 12월 22일 인천에서 하와이로 향하는 첫 이민선이 출발하였다.

그 뒤 1905년 7월 초순까지 약 3년 동안 선박 65척에 무려 7,300여 명에 가까운 한국인들이 하와이로 이민을 떠났다. 그리하여 하와이 이민 한국인들은 고된 일로 받은 저임금을 알뜰하게 모아 도시로 진출하여 자영업을 하는 등 비교적 성공한 사람들이 꽤 많았다.

이어 1905년에는 1,031명의 한국인이 노동 이민이라는 이름으로 멕시코로 이민을 떠났다. 그러나 이들은 중간 브로커의 농간으로 제대로 대우를 받지 못했으며, 비참한 상황에서 노예와 다름없는 생활을 하였다. 이러한 상황이 한 한국 인삼장수에 의하여 샌프란시스코의 한인 공립 협회에 정식으로 알려져 구제되어 오늘날 미국에서의 한인 타운

(Korea town)을 형성하는 바탕이 되었다.

8. 석굴암과 고구려 쌍영총의 관계

→ 석굴암(石窟庵)의 구조가 고구려를 통일하면서 기술을 이어받아 지었다고 추측된다.

우리나라를 대표하는 문화재인 석굴암은 1995년 12월 불국사와 함께 유네스코 지정 세계 유산으로 등록되었다.

석굴암의 기원은 고구려의 고분인 쌍영총에서 찾을 수가 있다.

평안남도 용강군 용강면 안성리에 위치한 고구려의 벽화 고분인 쌍영총(雙楹塚)의 구조는 분구가 간신히 원형을 나타내고 있다. 널방의 구조는 전실의 남벽 중앙에 달린 널길, 방형의 앞방, 앞방과 널방 사이의 통로, 방형에 가까운 널방으로 이루어진 두방무덤이다.

쌍영총으로 불리는 이유는 통로의 좌우에는 8각 돌기둥이 하나씩 세워져 있기 때문이다. 사실 쌍영총은 고구려 장수왕(長壽王)이 평양으로 천도한 427년 이후에 만들어진 무덤이다. 불교의 영향을 받았음을 벽화에서 알 수 있는데 무덤의 주인과 함께 한 스님의 모습과 천장에 그려진 연꽃무늬 벽화이다. 하지만 불교가 널리 퍼져 많은 영향을 미치지는 못한 듯하다. 바로 무덤의 주인보다도 작게 그려진 스님의 모습에서 추측할 수 있다.

신라가 삼국을 통일한 뒤 경덕왕(景德王) 10년(751)에 당시 재상이었던 김대성이 창건을 시작하여 혜공왕(惠恭王) 10년(774)에 완성한 석굴

암은 쌍영총의 구조와 유사한 점이 많다. 쌍영총처럼 석굴암 석굴의 구조는 입구인 직사각형의 전실(前室)과 원형의 주실(主室)이 복도 역할을 하는 통로로 연결되어 있다. 또한 쌍영총의 입구에 세워진 두 개의 기둥처럼 석굴암의 입구에도 두 개의 기둥이 서 있다. 나아가 쌍영총의 천장에 그려진 연꽃무늬 그림처럼 석굴암의 천장에도 그림이 그려져 있다.

아마도 석굴암은 삼국을 통일한 신라가 새로운 불교 조각품을 만들 때 고구려 기술자와 함께 석굴암을 건축했으며, 이 고구려 기술자는 법고창신(法古創新, 옛것을 본받아 새로운 것을 창조한다는 뜻으로, 옛것에 토대를 두되 그것을 변화시킬 줄 알고 새것을 만들어 가되 근본을 잃지 않아야 한다는 뜻)의 정신으로 만든 것으로 추측이 된다.

통일 신라 시대는 많은 화려한 불교문화를 이룩하였다. 세계 문화유산으로 지정된 석굴암이나 불국사, 다보탑과 석가탑, 다보탑에서 발견된 세계에서 가장 오래된 목판 인쇄본인 무구정광대다라니경(無垢淨光大陀羅尼經), 감은사(感恩寺)지 석탑 등 많은 불교문화를 꽃피웠다.

9. 호적 제도

→ 삼국 시대부터 인구 조사가 있었으며, 통일 신라 때에는 민정 문서라는 호적(戶籍)이 작성되었다. 이후 우리나라에서는 호적이 실시되었으며, 호주(戶主)라는 말은 일본의 지배에서 생긴 용어이다.

호적이 우리나라에 처음 등장한 것은 삼국 시대까지 거슬러 올라간다. 《삼국지》〈위지〉 '동이전'에 '고구려와 백제에서는 가구를 조사하는데, 매번 몇 명의 사람이 사는지를 알아보았다.'고 한데서 알 수 있다.

통일 신라 시대에 오면 '서원경(西原京, 오늘날의 충청북도 청주시)에서 작성된 민정 문서(民政文書)'를 통해 호적이 작성되었음을 알 수 있다. 일본 나라[奈良] 동대사(東大寺)의 정창원(正倉院)에 보관되어 있는 통일 신라 시대의 문서인 민정 문서는 신라 촌락 문서·신라 장적(新羅帳籍)·정창원 신라 장적 등으로도 불린다. 민정 문서는 정확하게 언제 작성되었는지 알 수 없지만, 경덕왕 14년(755)이나 헌덕왕 7년(815), 또는 헌강왕 1년(875) 등으로 추정되고 있으며, 3년마다 수의 증감을 따라 기록하고 있다. 서원경의 관할지인 모촌(某村)과 그 근처에 위치해 있는 사해점촌(沙害漸村)·살하지촌(薩下知村)·모촌(某村) 등 4개의 촌락을

조선 개국 2년 전에 만든 이성계의 호적[허가번호 : 중박 200906-260]

대상으로 하여 마을 이름(촌명)과 마을의 지리적 구분(촌역)·호구(戶口)·우마(牛馬)·토지·뽕나무·호두나무·잣나무 등을 그 수의 증감에 따라 자세히 기록하고 있다. 이것은 오늘날처럼 호주를 중심으로 기록되어 있는 것이 아닌 단순히 나라에서 조세(租稅)와 군역(軍役), 부역(赴役)을 거두어들이기 위한 호구 조사의 성격을 지닌 것이다.

고려 시대에 들어서서는 상민의 호적인 경우에는 주현관이 매년 그 호구를 조사해 호부에 보고하게 되어 있었으며, 호적의 중점을 16~60세의 양인 정남을 파악하여 부역과 군역을 부과하려는 것이 목적이었다. 또한 16세를 정년으로 국역을 부담하는 것과 60세를 노라고 칭하고 면역하는 사항을 모두 호적으로 밝히고 있다. 이러한 기록으로 미루어 보아 상민의 호적은 징병, 부역에 참고하기 위하여 편성하였던 문서였음을 알 수 있다.

조선 시대에는 호구단자(戶口單子)를 만들어 각 호마다 가장의 주소, 직업, 성명, 연갑(年甲), 본관(本貫), 사조(四祖)를 비롯하여 처의 성씨, 연갑, 본관, 사조, 동거자녀의 연갑 및 그 본관, 노비, 고공(雇工)의 연갑 등을 기록했으나, 여전히 호주라는 말은 등장하지 않았다.

호주라는 말이 본격적으로 등장한 것은 건양(建陽) 원년(1895)에 호구조사 규칙에서 처음 사용되었다. 이것을 가지고 호주제 폐지 반대론자들은 호주제가 우리나라의 전통적인 가족 형태라고 주장하고 있다. 반면에 호주제 폐지론자들은 1909년 3월 국민의 신분관계를 법률상 정확하게 하고 아울러 일본제국의 호구 실수를 정확히 파악하여 지배상 편의를 도모한다는 목적으로 법률 제8호인 민적법(民籍法)과 내무훈(內務訓)인 민적법집행심득(民籍法執行心得)이 제정 · 공포되면서 가구에서 호주와 식구와의 신분관계를 공시 · 증명하는 공증 문서로써 법의 영역 호주와 가족 간의 관계를 '호주권'의 관점에서 파악함으로써 호주권을 법의 차원에서 본격적으로 등장시켰으므로 일본 식민지 잔재라고 폐지를 주장하는 것이다.

1923년 7월부터 호적 업무의 감독권을 법원에서 갖기 시작하였으며, 2008년 1월 1일부로 호적 제도는 폐지되고 대신에 개인의 존엄과 양성평등 원칙에 입각한 새로운 가족관계 등록 제도로 바뀌었다.

10. 통일 신라의 문화

→ **통일 신라의 문화는 안정된 사회와 고구려 · 백제의 문화에 당나라 문화를 받아들여 높은 수준의 문화를 이룩하였다.**

통일 신라의 문화는 안정된 사회와 고구려 · 백제의 문화에 당나라 문화를 받아들여 높은 수준의 문화를 이룩하였다. 더구나 통일 신라를 지배한 불교를 귀족들이 적극 장려하면서 찬란한 불교문화가 발전하였다. 김대성(金大城)의 발원에 의하여 8세기 후반에 만들어진 석굴암은 신라 예술의 지존이며, 불국사의 다보탑과 석가탑 · 화엄사 4사자 석탑 · 감은사지 석탑은 신라 석조 미술의 진수를 보여주고 있다. 조각 작품으로 성덕 대왕 신종 · 태종 무열왕비 · 김유신(金庾信) 묘와 괘릉의 십이지

불국사

화엄사 4사자 석탑

감은사지 석탑

첨성대

신상(十二支神像)은 섬세한 신라인의 솜씨를 나타내고 있다.

글씨와 그림에도 뛰어나 김인문(金仁問)·김생(金生)·요극일(姚克一) 등은 글씨에 뛰어났으며, 김충의(金忠義)는 그림에 뛰어났다. 옥보고(玉寶高)와 그의 제자 귀금(貴金)은 거문고에 뛰어나 많은 악곡을 남겼다.

자연과학, 특히 농업과 천문학 분야에서도 7세기에 첨성대가 만들어지고, 8세기 이후 당나라의 과학·기술이 수입되어 천문·관측기구가 만들어졌으며, 수학과 의학이 발달하였다. 수학이 발달되었음은 석굴암이나 각종 탑, 무덤을 만들 때 응용한 것으로 알 수가 있다.

또한 통일 전에 나온 문학인 향가(鄕歌)는 더욱 서정적인 작품으로 발달되었으며, 진성 여왕 때 각간 위홍과 대구화상에 의하여 향가집인 《삼대목(三代目)》이 편찬되기도 하였다.

통일 신라 시대의 불교, 건축, 율령 제도 등은 일본의 하쿠호(白鳳)

문화 성립에 큰 영향을 주었다.

❗ 남북국 시대의 문화

	통일 신라	발해
성격	귀족적, 사실적, 조화	고구려 문화 바탕+당 문화 흡수 =독자적
불상	석굴암 불상	이불상(두 부처가 나란히 앉아 있 는 불상)
미술, 공예	상원사 동종(가장 오래된 종), 성덕 대왕 신종(비천상), 감은사지 석탑의 사리 장치	정효 · 정혜 공주 묘 벽화 자기 공예 발달
석조	조화와 균형의 미(다보탑, 석가탑, 감은사지 석탑, 화엄사 4사자 석탑)	벽돌과 기와, 발해 석등
인쇄술	무구정광대다라니경 (불국사 3층 석탑-목판 인쇄)	

11. 독자적인 연대 표기의 사용

→ **조선 시대 이전에는 독자적인 연호(年號)를 사용한 적이 있지만, 조선 시대 이후에는 실리적인 사대 외교 정책으로 중국 연호를 사용하였다.**

오늘날 우리나라에서는 연대 표기 방법으로 서기(西紀)를 쓰고 있다. '서력(西曆) 기원후(紀元後)' 에서 비롯된 것이다. 이것은 예수 그리스도 가 태어난 해를 기준으로 삼은 서양식 연대 표기법이라 할 수 있다. 우 리나라에선 사실상 단기(檀紀), 즉 단군이 태어난 해를 기준으로 하여 연대를 표기해야 타당할 것이다. 그렇지 않을 경우에는 한나라에서 기 원전 140년에 처음으로 사용하기 시작한 연호를 사용해야 하나, 이는 군주국가에서 국가의 원수가 자기의 치세(治世) 연차에 붙이는 칭호이니, 오늘날 우리나라의 현실과는 맞지 않는다고 할 수 있다.

그러면 옛날에는 가능하지 않았을까?

연호(年號)란 황제(皇帝)만이 사용하고, 제후(諸侯)는 사용하지 못한다는 사대주의(事大主義) 사상으로 인하여, 우리나라에서는 주로 중국의 연호를 그대로 사용했다.

그러나 독자적인 연호를 사용한 적도 많았다. 우리나라에서는 광개토 대왕이 연호를 처음으로 제정하여 영락(永樂)이라 했으나, 본격적인 사용은 신라 법흥왕 23년(536)이며, 이전까지는 한 무제(武帝)의 연호인 건원(建元)을 그대로 사용했다. 그 후 진흥왕, 진평왕, 선덕 여왕, 진덕 여왕 때까지는 신라의 독자적인 연호를 사용했으나, 진덕 여왕 3년 (649)에 당나라 태종이 신라에서 연호를 따로 사용함은 부당하다고 하여, 다음 해부터는 당나라의 영휘(永徽) 연호를 사용했다. 헌덕왕(憲德王) 14년(822)에 김헌창(金憲昌)이 장안국을 세우고 연호를 경원(慶元)이라 하였고, 이 밖에 발해국에서는 무왕(武王) 이후 역대 왕이 연호를 사용했다. 궁예(弓裔)의 태봉국(泰封國)은 처음부터 연호를 사용하고 네 차례나 개원(改元)했다.

고려에 와서 왕건(王建)이 등극하여 연호를 천수(天授)라 하여 자주적인 면을 과시했다. 그 후 광종(光宗) 때는 광덕(光德)으로 정하고, 한때 준풍(峻豊)이라고 쓴 때도 있었다.

조선에서는 처음부터 실리적 사대 외교를 추구하다 보니, 자주적 연호를 쓸 생각을 하지 못했으나, 고종 32년(1895)에 실시된 을미개혁(乙未改革) 때 비로소 건양(建陽)이라는 연호를 사용했으며, 고종 34년

(1897)에 대한제국 황제가 되면서 후한(後漢)을 중흥시킨 광무제(光武帝)를 연상하여, 연호를 광무(光武)로 정했다. 우리나라에서 역대로 사용된 연호는 다음 표와 같다.

❗ 우리나라의 역대 연호

연호	국명	왕명	연대
건원 (建元)	신라 (新羅)	법흥왕 (法興王)	536~550
개국 (開國)	〃	진흥왕 (眞興王)	551~567
대창 (大昌)	〃	〃	568~571
홍제 (鴻濟)	〃	〃	572~583
건복 (建福)	〃	진평왕 (眞平王)	584~633
인평 (仁平)	〃	선덕 여왕 (善德女王)	634~646
태화 (太和)	〃	진덕 여왕 (眞德女王)	647~650
경원 (慶元)	〃	헌덕왕 때 김헌창이 난을 일으켰을 때	822
무태 (武泰)	마진 (麻震)	궁예 (弓裔)	904~905
성책 (聖冊)	〃	〃	905~910
수덕만세 (水德萬歲)	태봉 (泰封)	〃	911~913
정개 (政開)	〃	〃	914~917
천수 (天授)	고려 (高麗)	태조 (太祖)	918~933
광덕 (光德)	〃	광종 (光宗)	950~951
건양 (建陽)	조선 (朝鮮)	고종 (高宗)	1896~1897
광무 (光武)	〃	〃	1897~1907
융희 (隆熙)	〃	순종 (純宗)	1907~1910

12. 신라 말기 호족 세력의 성장

→ 혜공왕(惠恭王) 이후 왕권 다툼이 심하여 지방에 대한 통제력을 잃어 호족(豪族) 세력을 비롯한 지방 세력들이 일어나 독자적인 세력을 형성하였다.

신라는 통일 후 안정된 왕권을 바탕으로 전성기를 구가했다. 그러나 혜공왕 이후 진골 귀족 간에 왕권 다툼이 치열하여 150여 년간 20여 명의 왕이 바뀌는 혼란을 맞았다. 신라는 992년간 왕 56명이 교체되어 평균 재위 기간이 17.71년이었다. 하지만 혜공왕 이후 임금의 평균 재위 기간은 7.5년이었다. 그만큼 임금의 교체가 심했다는 이야기이다.

임금의 교체가 잦을수록 왕권은 약화되었고, 왕권의 약화는 지방에서 군사력과 경제력, 그리고 선종 세력과 결합한 새로운 세력이 나타났다. 이들은 원래 중앙정부에서 권력 투쟁을 벌였으나 밀려나면서 지방에서 세력을 키운 몰락한 중앙귀족이나 무역을 통하여 군사력과 경제력을 키운 군진 세력, 지방의 토착 출신인 촌주들이었다. 이들은 중앙정부의 지배를 받지 않는 반독립적인 세력으로 성장하여 스스로 성주 또는 장군이라 부른 호족 세력이 일어나 신라에 저항하였다.

세력
확대
중앙정부는 어려움을 타개하기 위하여 농민들에게 많은 세금을 거두어들여 몰락한 농민들이 반란을 일으켰다. 농민 원종과 애노, 양길이 반란을 일으켰으며, 견훤은 완산주에서, 궁예는 철원에서 각각 독자적인 세력을 형성하여 각각 후백제와 후고구려를 세웠다. 이로써 668년에 통일된 이래로 다시 한반도에는 후삼국 시대가 열리게 되었다.

❗ 신라 말기의 지방 세력	
등장 배경	중앙 귀족의 왕위 계승 다툼 → 왕권 약화로 지방 통제 약화
출신	지방 호족, 해상 세력, 군진 세력
농민 지배	대토지 소유에 의해 농민 지배 → 농민들을 군대로 편성
사상 기반	선종과 6두품의 협력

	후백제	후고구려
건국	견훤(900, 상주 출신)	궁예(901, 신라 왕족 출신)
	황해안 해상을 연결하여 전라도 일대 장악	초적에서 자립하여 경기, 강원, 충청 일대 장악→개성의 해상 세력과 연합
멸망	아들과의 분열로 고려에 멸망(936)	포악한 정치로 왕건에게 쫓겨남

? 알고 넘어가기

신라 말기의 상황을 알려주는 사료

《삼국사기》

웅천주 도독 김헌창(金憲昌)은 왕이 되지 못한 이유로 반란을 일으켜 나라 이름을 장안이라 하고 연호를 경운이라 했다. 무진주, 완산주, 청주, 사벌주의 4주 도독과 서원경, 금관경의 사신과 여러 군현의 수령들을 위협하여 자기의 소속으로 삼았다. …… (중략)……

17년, 헌창의 아들 범문이 고달산의 적 수신 등 백여 명과 함께 반역을 꾀하여 평양에 수도를 정하고 북한산주를 공격해 왔다. 도독 등이 군사를 거느리고 가서 이를 잡아 처형하였다.

《삼국사기》

국내 여러 주군이 특산물에 대한 세금을 내지 않으므로 나라의 재정이 고갈되어 쓸 예산이 많이 부족하였다. 이에 사자를 보내어 독촉하니 도적들이 들고 일어났다. 이때 원종과 애노 등이 사벌주(오늘날의 상주)를 근거로 하여 반란을 일으켰다. 왕은 나마 벼슬의 영기에게 명령하여 잡게 하였다. 영기가 적진을 쳐다보고는 두려워하여 나아가지 못하였다.

《삼국사기》

견훤은 상주 가은현(경북 문경시 가은읍) 사람으로 본래의 성은 이씨였는데, 후에 견(甄)으로 성씨를 삼았다. 아버지는 아자개이니 농사로 먹고 살다가 후에 집안을 일으켜 장군이 되었다. …… (중략)……

신라 진성왕 6년(892)에 아첨하는 사람들이 왕의 곁에서 나랏일을 흔들자 기강이 문란하여 해이해지고, 가뭄이 계속되어 백성들이 떠돌아다니고, 도적들이 벌떼처럼 일어났다. 이에 견훤이 은근히 신라를 배반할 마음을 가지고 서울 서남쪽 주현들로 나아가니, 가는 곳마다 호응하여 따르는 무리가 한 달 사이에 5천여 명에 이르렀다. …… (중략)……

"지금 내가 도읍을 완산(전주)에 정하고, 어찌 감히 의자왕의 쌓인 원통함을 씻지 아니하랴." 하고, 드디어 후백제 왕이라 스스로 칭하고 관부를 설치하여 직책을 나누었다.

13. 발해의 멸망으로 상실된 만주

→ 고조선 – 부여 – 고구려 – 발해로 이어지던 만주의 주인이었던 한민족이 발해의 멸망으로 잃게 되었다.

907년, 중국을 지배하던 당나라가 망하고 주전충(朱全忠)에 의해 양나라가 세워졌다. 이후 중국은 분열기를 맞아 나라가 혼란스러웠다. 이 틈을 타고 거란족이 힘을 썼으니 바로 야율아보기를 중심으로 혼란에 빠진 중국을 야금야금 차지해 버린 것이다. 야율아보기의 목표는 중국을 차지하여 황제가 되는 것이었다. 한편으로 야율아보기는 뒤쪽을 차지하고 있는 발해가 두려웠으므로 거란의 왕자인 야율할저로 하여금 두아들과 함께 발해로 가도록 하였다.

발해로 간 야율할저는 야율아보기의 미움을 받아 도망쳐 온 사람들이니 발해에서 살게 해달라고 요청하였다. 이에 발해에서는 점점 발전하는 거란을 생각하여 이들을 후하게 대접했다. 그런데 야율할저와 두 아들이 어느 날 발해에서 종적을 감췄다. 이들은 발해의 사정을 알아보기 위해 온 간첩이었던 것이다.

발해에서는 일본과 중국, 거란에게 사신을 보내 친선 관계를 유지하려 했다. 한편으로는 한반도에 있던 후고구려와 신라에도 사신을 보내 거란의 힘을 막을 필요성을 역설하였으나, 후고구려나 신라는 저희들끼리 싸우느라 발해와 협력할 틈이 없었다. 그러는 사이 거란은 우리 조상들이 살던 요동이 철과 소금이 풍부한 것을 알고 욕심을 내면서 공격했다. 거란의 공격에 발해도 끝까지 맞섰다. 하지만 결국 20년 동안 싸우다 지친 발해의 패배로 끝났다. 요동을 차지한 야율아보기가 본격적으로 발해를 공격했다. 사흘 만에 부여성을 점령한 거란족은 6일 만에 발해의 서울인 상경용천부에 다다랐다. 발해 제15대 왕 대인선(재위 906~926)은 사흘 동안 저항을 하다가 항복을 하니, 대조영(大祚榮)이 발해를 세운 지 229년만인 926년이었다. 거란족은 발해 지역에 '동쪽에 있는 거란의 나라' 라는 뜻으로 동단국(東丹國)을 세웠다.

14. 군역의 의무

→ 남자의 군역(軍役)은 유사 이래 변함이 없는 제도이다.
장교에게는 나라에서 정한 규정에 따라 봉급을 지급했으나 일반 사병에게는 봉급이 지급되지 않았다.

옛날의 군 제도는 그 시기에 따라 차이가 있다. 고대에는 집단적인 족병(族兵)과 모집병으로 국가에 대한 의무로서의 군역은 성립되지 않았던 것으로 보인다. 그러나 그 당시의 여러 가지 상황으로 미루어 평상시에는 농사를 짓다가 유사시에는 군인으로 출정하여 적을 막고 공격하는 역을 지는 형태였을 것으로 추측된다.

부족 국가에서 고대 국가로 발전하기 시작한 기원전 4세기부터는 사회적으로 신분이 다양해져 역을 지는 형태도 달라지기 시작했다. 점차 일부의 선택된 사람들만이 군역의 의무를 지게 된 것이다. 이는 바로 신분계층의 분화를 토대로 하여 현역으로서 군역을 지는 사람과 이를 돕는 하호(下戶)가 존재함으로써 사회 조직과 군사 조직이 분리되는 현상이 나타났던 것이다.

삼국 시대에 오면 계급 분화가 더욱 뚜렷해져 중앙과 지방의 군대 구성원에 관한 지위와 국방에 관한 군역도 차이를 나타낸다. 그 당시의 사람들은 군역을 의무보다는 나라에 충성할 수 있는 영광스러운 권리로 생각하였다.

고려는 10세기 말기인 성종 때에 중앙집권적인 귀족 정치의 틀을 마련하고 군사 제도로 중앙에는 2군 6위, 지방군은 주현군과 상비군으로 편성하였다. 중앙군의 군인들은 군호(軍戶)에 편입되었는데, 일단 군호에 들어가면 귀족이나 향리, 농민과는 별도로 독자적인 호적인 군적(軍籍)에 등재되었으며, 군역을 지는 대가로 군인전(軍人田)을 지급받았다. 이들은 원래 농민이었으나 군역이 세습됨으로써 특정한 사회 신분이 되었다. 군적에 오르지 못한 일반 농민들 중 16세 이상의 남자들은 지방군에 포함되었으며, 별도의 봉급은 지급되지 않았다.

조선 시대에 오면 세조 때 완성된 5위와 진관 체제는 여러 신분을 망라하여 구성되었으나, 군역의 의무를 지닌 사람들이 기본이었다. 즉 16세에서 60세의 양인 정남은 군역의 의무가 있었으며, 주류는 양인 농민이었다.

그러나 양인 농민이 모두 현역으로 근무하면 농사를 지을 노동력이 부족하여 경제에 큰 지장을 초래하였다. 이러한 문제를 해결하기 위하여 신체가 건강한 사람을 정군(正軍, 정규 군인)으로 편제하고, 여기에서 제외된 사람은 봉족(奉足)이라 하여 정군을 뒷받침하였다. 보통 정군 한 명에 봉족 몇 명을 배치하였다.

봉족 제도는 세조 때에 이르러 보법(保法)으로 바뀌어 양반의 하층 및 평민이 속했던 갑사(甲士)는 4명의 보인(保人)을 배정받았고, 평민이 속했던 기정병(騎正兵)은 3명의 보인을 배정받아 군역을 맡았으며, 보인은 이들에게 한 달에 면포 한 필씩을 군역의 대가로 지급하여 병역의 의무를 대신하였다. 세조 때에 80만 명에서 100만 명이 군역을 졌는데, 이 가운데 정병이 30만, 보인이 60만 정도였다고 한다.

조선 시대에는 양란 이후에 중앙에는 5군영과 지방에는 수영(수군절도사)과 병영(병마절도사)을 두어 방어하였다.

병역의 의무는 조선 후기에 이르러 1년에 면포 2필을 냄으로써 면제받았다. 군포가 너무 과중하다고 하여 영조 때에는 균역법(均役法)을 실시하여 1필로 줄였으며, 부족분은 왕족이나 귀족들이 거두어들이던 염세, 선박세, 어장세를 국가에서 거두어들였다. 흥선 대원군 때에는 양반에게서도 호포(戶布)를 거두어들였다.

군포의 부과로 군사의 숫자가 부족하자, 일부 모병제를 실시하게 되었다. 이때 군인의 선발 방법으로 쌀 다섯 말 정도 무게의 들돌을 번쩍 들어 옮기는 일과 50센티미터 정도의 높이를 뛰어넘는 등의 시험이 있었다. 이때는 강제 징집과 달리 봉급을 지급했는데, 그 액수는 관리의 봉급 체계와 같았다.

? 알고 넘어가기

조선 시대 지방군의 방어 체제 변천사

조선 초기에는 진관 체제였다. 진관 체제는 외적의 침입이 있을 때 군사상 중요 지역에 설치한 진에 수령들이 군사들을 모아서 싸웠던 방어 체제였다. 오늘날 향토예비군과 비슷하며 소규모의 외적 침입에는 효과적이나, 대규모 외적의 침입에는 효과가 없었다. 특히 조선 시대에 평화 기간이 길어짐에 따라 군역을 회피하려는 사람이 증가하여 지역마다 일정한 병력을 유지해야 하는 진관 체제를 유지하기가 힘들었다.

이를 보완하기 위한 제도가 16세기 후반에 실시한 제승방략(制勝方略) 체제이다. 군사적으로 중요한 지역에 주변의 수령들이 군사를 이끌고 오면 중앙에서 파견되는 장수가 지휘하게 하는 체제이다. 이 제도는 평소에는 적은 병력을 유지하다가 유사시 중앙과 지방의 병력을 한 곳에 모아 전력을 극대화하여 대규모 적을 막을 수 있다는 장점이 있다. 하지만 패하면 이후에 외적을 막을 만한 군대가 없어 큰 위험에 빠지는 단점이 있다.

예를 들면 임진왜란(壬辰倭亂) 때에 신립이 이끄는 충주 방어선이 무너지자 서울이 왜군에 의해 점령당하고 선조(宣祖)는 의주로 피난을 가야만 했다.

왜란 후 다시 진관 체제로 복귀하였으나 진마다 일정 수 이상의 군사가 필요하게 되자 양반으로부터 천민까지 구성된 속오군(束伍軍)이 탄생하였다. 그러나 시간이 흐르면서 속오군은 양반들이 회피하면서 상민과 천민으로 구성되었다.

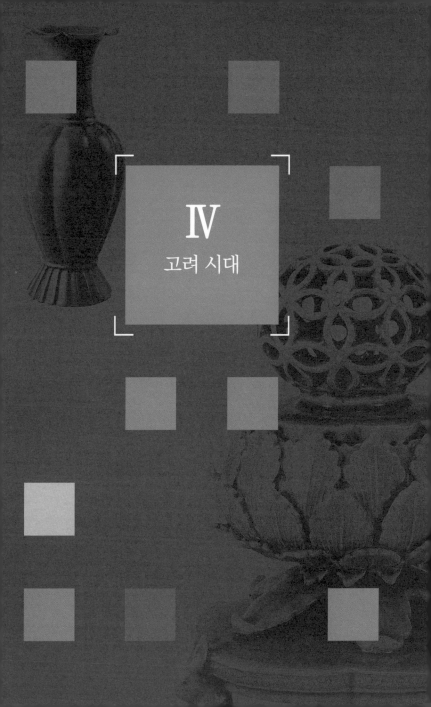

IV

고려 시대

1. 태조의 훈요십조

→ 훈요(訓要) 10조(十條)는 태조가 후세 왕에게 경계해야 할 사항을 남긴 교훈이다. 태조는 자신의 뜻이 후대 왕이 이어주기를 바랐던 것이다. 민심 수습책과 불교 숭상, 외교 정책 등 다양한 국가 정책을 제시하였다. 8조의 금강이남 사람을 등용하지 말라는 내용은 위조되었다는 설이 있다.

고려 태조가 제시한 훈요십조는 다음과 같다.

제1조 — 우리나라의 대업(大業)은 반드시 여러 부처의 힘을 입어야 하므로 선종과 교종의 사원(寺院)을 새로 짓고 주지들을 보내어 불교를 융성하도록 하되, 간신들이 승려들의 청탁을 들어 각 사원을 서로 다투어 빼앗는 일이 없도록 한다.

제2조 — 도선이 말하기를 모든 사원을 함부로 세우면 나라의 운수(運數)가 길하지 못한다고 하였으니, 후세에 마음대로 사원을 세우지 못하도록 한다.

제3조 — 맏아들이 왕위를 계승하는 것이 올바른 법도이지만, 만약 맏아들이 어리석으면 둘째 아들이 왕위를 계승하게 하고, 또 둘째 아들 역시 어리석을 경우에는 나머지 형제 가운데 많은 사람들이 추대하는 사람으로 왕위를 계승하게 한다.

제4조 — 우리나라는 예로부터 중국의 풍속을 따르려 하나, 사람도 땅도 중국과 다르니 반드시 중국의 제도를 따를 필요가 없다. 거란은 야만의 나라이고 풍속과 언어 또한 다르니 의관 제도를 본받지 않는다.

제5조 — 서경(西京)은 수덕(水德)이 고르고 순하여 우리나라의 중요한 곳이 되니, 봄·여름·가을·겨울철마다 모두 100일 넘

도록 서경에 머물러야 왕실의 안녕을 이룰 것이다.

제6조 — 연등(燃燈)은 부처를 섬기는 것이요, 팔관(八關)은 하늘의 신령과 오악(五岳)·명산(名山)·대천(大川)·용신(龍神)을 섬기는 것이니, 후세에 간신이 이를 더하거나 줄일 것을 건의하지 못하도록 한다.

제7조 — 신하의 곧은 말은 따르고 헐뜯는 말은 멀리한다. 요역은 농사철을 피하고, 어진 정치를 하되 상과 벌을 법에 맞게 하면 나랏일이 평안할 것이다.

제8조 — 차령이남과 공주강(錦江) 밖은 풍수가 모두 거슬리므로, 그곳의 인심도 또한 그러할 것이다. 따라서 그들을 등용하면 혹 반란을 일으킬 수 있다.

제9조 — 나라의 관직은 맘대로 늘이거나 줄이지 말며, 사사로이 관직을 주면 백성들의 신망을 잃게 된다. 이웃에는 위험한 나라가 있으니, 항상 주의하고 병졸들 가운데 뛰어난 자에게는 관직을 높여 준다.

제10조 — 옛 고전을 많이 읽어 나라 다스릴 때에 거울로 삼도록 한다.

제1조에는 불교를 숭상하는 정책을 실시하도록 했으며, 2조와 5조, 8조에는 풍수지리설에 대한 관심과 서경이 길지(吉地)이므로 중요하게 여겨야 하고, 호남 지방에 대한 차별도 담겨 있다. 하지만 8조의 내용은 후세에 조작되었다는 말도 있다. 3조에는 큰아들이 왕위를 계승해야 한다는 원칙과 함께 자격이 없으면 다른 아들에게 왕위를 잇게 해야 한다는 원칙을 제시하고 있다. 4조에는 사대적인 생각을 버리며, 거란에 대한 외교 정책을 엿볼 수 있다. 6조에는 나라의 큰 행사인 연등회와 팔관

회를 꼭 하라는 뜻이 담겨 있다. 7조에는 민심수습책으로 농사를 중히 여기며, 농사철에는 함부로 부역에 동원하지 말 것을 당부하고 있다. 9조에는 공정하게 인사를 처리하며, 10조에는 독서를 통하여 옛 글에서 많은 교훈을 얻으라는 것이다.

? 알고 넘어가기

풍수지리설(風水地理說)

산의 형세나 땅의 모양, 물의 흐름이 인간의 행복과 불행, 좋고 나쁨에 영향을 준다는 사상이다. 풍수지리설은 신라 말기에 도선(道詵)과 같은 선종 승려들에 의하여 중국에서 유행하던 것을 들여왔다.
예언적인 도참(圖讖) 사상과 결합되어 도읍, 주택, 묘지 등을 고르는데 영향을 주었으며, 경주 중심의 생각에서 벗어나게 하여 지방의 중요성을 깨닫게 하여 신라 정부의 권위를 약화시키는 구실을 하였다.

2. 태조의 사성 정책

→ 성(姓)은 출생의 계통을 표시하는 것으로, 각 개인은 성에 의하여 각자의 소속된 혈통을 분별할 수 있다. 씨(氏)는 분화된 혈통의 지연을 표시하는 표지로써 본관(本貫)에 해당한다.

성씨(姓氏)란 출생의 혈통을 나타내거나, 한 혈통을 잇는 거레붙이의 칭호를 말한다. 그럼 성과 씨는 어떻게 다를까?

중국의 문자 구조에 관한 최초의 자전(字典)인 《설문해자(說文解字)》에 '성인지 소생야(姓人之 所生也)' 라 하듯이 성은 출생의 계통을 표시하는 것으로, 모계 시대에는 여계(女系)의 혈통을, 부계 시대에는 남계(男系)

의 혈통을 나타내는 표시이다.

또 《춘추좌씨전(春秋左氏傳)》에 '천자건덕 인생이사성(天子建德 因生以賜姓)'이라 한 것처럼 천자(天子)가 제후를 봉할 때 그 조상의 출생지로써 성을 주었다고 한다. 그러므로 각 개인의 성에 의하여 각자의 소속된 혈통을 분별할 수 있었다.

그러나 동일한 혈통을 가진 자가 각지에 분산하게 될 때, 각기 지역에 분산된 일파를 표시하기 위한 표지가 필요했는데, 이것이 곧 씨(氏)이다.

《춘추좌씨전》에 '조지토 이명지씨(胙之土 而命之氏)'라 한 바와 같이, 씨는 지명에 의하여 명명됨을 말하고 있다. 씨는 분화된 혈통(성)의 각기 지연(地緣)을 표시하는 표지인 것이 분명하므로, 그 본원적 의미는 성의 분파(分派)를 뜻한다.

그러므로 성(姓)은 중국의 고전에서 말하는 혈통의 연원을 표시하는 것으로 역시 우리의 성(姓)에 해당되며, 씨(氏)란 같은 성에서도 소유한 지역으로 분별한 것이므로 우리의 본관(本貫)에 해당된다. 경주 김씨, 전주 이씨, 밀양 박씨 등이라 할 때의 '씨'에는 존칭적 의미도 담겨 있지만, 본관을 표시하는 의미가 포함되어 있다. 씨는 또한 조선 시대 양반의 처(妻)에 대한 이름 대용의 경칭적 칭호로도 사용되었다.

우리 민족은 삼국 시대부터 중국 문화의 영향을 받아 중국식을 모방한 한자 성을 사용하기 시작했다. 역사의 발전과 궤도를 같이하여 각 시대가 전환하는 고비마다 성씨 제도에 획기적인 변화가 수반되어 새로운 성이 생겨나기도 하고, 또 그럴 때마다 기존의 성이 분열하여 분관(分貫), 분파(分派) 작용을 했는가 하면 소멸되기도 하는 등 많은 변천을 거듭해 왔다.

중국식 성씨 제도는 이미 삼국 시대부터 왕실, 귀족 순으로 수용되어

왔지만, 한국적 성씨 체계가 본격적으로 정착되는 시기는 고려 초기였다. 후삼국 시대의 격심한 사회적 변동에 따른 신분제의 재편성 과정에서 태조 왕건(王建)은 반도를 재통일한 다음, 당대의 실질적인 지배 세력을 대표했던 전국의 호족을 출신지, 거주지별로 나누어 각기 성과 본관을 하사했다. 이로써 우리나라의 성과 씨는 한층 늘어나게 되었던 것이다.

우리나라 성의 수는 《동국여지승람(東國輿地勝覽)》에는 277성으로 되어 있으며, 1908년에 발간된 《증보문헌비고(增補文獻備考)》에는 496성으로 되어 있다. 그러던 것이 광복 후 1960년 인구 조사에는 258성으로, 1985년에는 274성으로 나와 있다. 2003년 통계청 발표에 따르면 현재 286성이 있다고 한다.

? 알고 넘어가기

태조의 호족 통합책으로 추진된 혼인 정책

▶ 태조는 호족 통합책으로 혼인 정책과 사성 정책, 호족 견제책으로 기인(其人) 제도와 사심관(事審官) 제도를 추진하였다.

태조는 호족들을 통합하기 위하여 개국 공신과 지방 호족을 관리로 등용하였다. 그리고 호족들의 딸과 혼인을 하거나 호족들과 자신의 딸들을 혼인시키는 혼인 정책으로 호족들을 자신의 세력으로 편입시켰다.

한편으로는 호족들을 견제하기 위한 정책도 펴나갔다. 지방 호족의 자제 중 일부를 서울에 있게 한 일종의 인질 제도인 기인 제도가 있다. 기인 제도는 통일 신라 시대의 상수리 제도에서 유래가 되었다. 또한 신라 경순왕이 항복했을 때 태조는 신라를 없애고 경주로 바꾸었다. 그리고 경순왕으로 하여금 경주의 사심관이 되어 고을을 다스리게 하였다. 이를 뒤따라 고려를 건국하는데 기여한 공신들이 이를 본받아 자기 출신 고장의 사심관이 되어 지방을 통제하게 하였다.

3. 광종의 개혁 정치

→ **노비안검법(奴婢按檢法)과 과거 제도를 실시하여 왕권 강화와 호족 억압 정책을 실시하였다.**

왕건의 위엄은 호족들을 통제하여 왕조의 기반을 굳혔다. 그러나 왕건이 세상을 떠나자 고려는 혼란에 빠졌다. 왕건은 동맹의 표시로 호족들의 딸을 후비로 맞이하여 50여 명의 자녀를 두었는데, 그 중의 누가 왕위를 계승하느냐 하는 것은 호족 중에서 누가 정권을 잡느냐 하는 문제였다.

왕건은 광주의 호족 왕규의 딸과 혼인하여 아들 광주원군을 낳았는데, 혜종(惠宗)이 즉위하자 왕규는 온갖 수단으로 광주원군을 임금으로 앉히려고 일을 꾸몄다. 마침내 2차에 걸쳐 혜종을 시해하려고 하였다.

혜종은 그의 죄상을 알고 있으면서도 힘이 없었기에 왕으로서 왕규의 역모를 없었던 일로 할 수밖에 없었으며, 불안 속에서 병을 얻어 재위 불과 2년 만에 세상을 떠났던 것이다. 왕규의 역모는 서경의 왕식렴(王式廉)이 정병을 거느리고 개경으로 들어와 처단되었거니와, 이 유력한 군사력의 후원 없이는 개경에서 강력한 사병을 거느리고 있던 왕규는 왕으로서도 숙청할 힘이 없었던 것이다.

제4대 영특한 광종(光宗)이 즉위하자, 그는 비상한 노력으로써 '왕권은 약하고, 신하의 권력이 강한' 현상을 타파하고자 노력하였다. 신라 말기 이래 많은 전쟁으로 생긴 포로와 굶주리는 백성들을 호족들은 노예로 삼아 그 수요가 크게 늘어났는데 광종은 7년(956)에 노비안검법을 실시하여 노비들을 조사하고 본래 양민이었던 사람은 해방시켰다. 이리하여 수많은 노비들이 해방되고 중신 호족들은 크게 재산상의 손실을 입었다. 이것은 과도하게 커진 중신들의 경제력을 삭감하는 조치였다.

《고려사절요(高麗史節要)》에 보면 '광종 7년(956)에 노비를 조사해서 옳고 그름을 밝히도록 명령하였다. 이 때문에 주인을 배반하는 노비들을 억누를 수 없었으므로, 주인을 업신여기는 풍속이 크게 유행하였다.'

광종은 9년(958)에 노비안검법에 이어서 과거 제도를 창설하였다. 이것은 중신 호족들을 누르고 신라 계통의 문신 및 지방 호족의 자제들을 정권에 참여시키려는 취지에서 마련된 것으로 중대한 사회적·문화적 의의를 가진다. 과거 제도는 직권 체제 성립의 상징이며, 혈통 위주의 골품제(骨品制)보다 훨씬 넓은 범위의 인재를 수용하게 되었으니 이는 고려사회가 신라사회보다 진보한 사회라는 것을 보여준다. 광종은 자주·독립성이 강한 왕으로 개경을 황도, 서경은 서도라 이름붙이고 광덕, 중풍 등의 독자적 연호를 썼으며, 황제 폐하라고 칭하였고, 또 역대의 공신을 대량 숙청하는 등 왕권 확립에 크게 이바지하였다.

《고려사(高麗史)》에 보면 '광종이 쌍기의 의견을 받아들여 과거로 인재를 뽑게 하였다. 이때부터 문풍(文風)이 일어났고, 그 법은 대체로 중국 당의 제도를 따른 것이다.'

❗ 고려의 정치 변천 과정

임금	업적	지배층
태조	고려 건국, 후삼국 통일, 북진 정책·혼인 정책·민족 융합 정책 (발해 유민 포섭)	문벌 귀족 (음서, 공음전)
광종	왕권 강화책 (노비안검법과 과거제 실시)	
성종	최승로의 건의로 유교의 정치 이념화, 지방관 파견	
귀족사회의 모순	이자겸의 난 → 묘청의 서경 천도 운동 (고려인의 자주성 표현)	
무신정변	정중부 → 경대승 → 이의민 → 최충헌	무인

음서(蔭敍) 제도

관리를 선발하는 제도로 과거제가 문예와 경전을 시험 보면서 능력에 따라 선발하는 데 비하여 가문에 의하여 또는 관리의 추천에 의하여 뽑는 제도가 있었다.

가문에 의하여 관리를 뽑는 제도는 신라 시대에서 그 기원을 찾을 수가 있다. 신라 시대에 나라에 큰 공로가 있는 사람의 아들은 특별히 관리로 선발하였다. 이를 계승하여 고려 시대에서는 공신의 아들을 관리로 특별히 선발하였으며, 5품 이상 관리의 아들을 특별히 선발하는 제도이다. 이 제도는 고려사회의 문벌 귀족사회가 형성되는 기틀이 되었다. 이러한 음서 제도는 조선 시대에도 이어졌다. 2품 이상 관리의 아들을 과거 시험을 거치지 않고 관리로 등용하는 제도였으나, 승진에 많은 제한을 두어 환영받지 못했다.

관리의 추천에 의하여 관리를 선발하는 제도는 조선 시대에 실시되었다. 중종(中宗) 때 조광조(趙光祖)가 실시한 현량과(賢良科)이다. 현량방정과의 준말로 천거과라고도 한다. 추천은 서울에서는 사관(四館, 과거에 관한 일을 맡아보던 성균관, 예문관, 승문원, 교서관을 가리킴)이 유생과 관리를 막론하고 성균관에 후보를 추천하면, 성균관은 이를 예조(禮曹)에 알리고, 육조(六曹) · 한성부(漢城府) · 홍문관(弘文館) · 사헌부(司憲府) · 사간원(司諫院)에서도 예조에 후보자를 추천할 수 있었다.

이 과정에서 후보자의 성명, 출생 연도, 자(字), 천거 사항(성품, 재능, 학식, 행실과 행적, 생활 태도와 현실 대응 의식)을 종합하여 의정부(議政府)에 보고하고, 그들을 궁궐 뜰에 모아 임금이 참석한 자리에서 대책을 시험하여 인재를 선발하였다.

이와 같은 절차에 따라 중종 13년(1519) 4월 13일 120명의 후보자 가운데 28명을 선발하였다. 그런데 그 중에 21명이 조광조와 관계 있는 사람이었기에 훈구파의 반발을 받아 기묘사화(己卯士禍)가 일어나는 원인이 되기도 하였다.

추천에 의한 관리 선발은 기존의 관리 중에서 새로운 관직을 임명할 때 많이 거론되었다. 예컨대 유성룡(柳成龍)이 임진왜란(壬辰倭亂)이 일어나기 1년 전에 이순신(李舜臣)을 정읍현감에서 전라좌도 수군절도사로 6등급을 파격적으로 승진한 것은 추천에 의한 벼슬이었기에 가능한 일이었다.

4. 최치원과 최승로의 시무책

→ 통일 신라 시대의 최치원(崔致遠)과 고려 시대의 최승로(崔承老)는 조손(祖孫) 관계로 각각 시대를 개혁하는 시무책(時務策)을 제시하였다. 최치원은 6두품이었기에 진골 귀족의 반대로 무산되었으나, 최승로는 성종의 왕권 안정책과 맞물려 채택되었다.

통일 신라 시대에 당나라에서 빈공과에 합격하여 이름을 떨치던 최치원은 6두품을 대표하던 인물이었다. 최치원은 진성 여왕 8년 (894) 2월에 진성 여왕에게 시무책 10여 조를 올렸다. 그가 올린 시무책의 내용을 확실히 알 수는 없으나 늘어난 관리의 숫자를 줄이고, 토지 제도를 바로 잡으며, 탐관오리를 처벌하며, 관리들의 사치를 금지하는 내용으로 여러 가지 문제점들에 대한 해결방안을 제시했을 것으로 보인다. 진성 여왕은 이를 실시하려고 하였으나 신라가 이미 중앙의 통제 능력을 상실하였고, 6

최치원

두품인 최치원의 개혁안이었기에 진골 귀족들의 반발로 최치원의 시무책은 실효를 거둘 수 없었다.

최치원의 손자는 최승로이다. 최승로는 경주 출신으로 신라가 항복할 때 아버지와 함께 경순왕을 따라 고려에 귀순하여 일찍부터 고려에서 벼슬을 한 학자 출신의 중앙 관료였다. 성종 1년(982)에 최승로는 성종에게 시무 28조를 올렸다. 경종 때의 혼란을 바로 잡으려는 성종이었기에 최승로의 시무 28조는 유교적 정치 질서를 강화하는 정책으로 채택되었다.

그러나 최승로의 시무 28조는 불교 중심의 고려사회에서 유교를 정치 이념으로 채택하는 계기가 되었다. 특히 백성들을 근본으로 하는 정치를 실현하려고 민생안정책도 내세웠다.

최승로는 불교의 폐단을 비판하면서 호족 세력의 억제와 지방관 파견을 주장하는 등 중앙집권을 위한 정책을 제시하였다. 최승로의 건의로 12목이 설치되어 고려에서 최초로 지방관이 파견되었다.

한편으로는 왕권이 비대해지는 것을 막기 위하여 친위 부대의 숫자를 줄이고 광종이 공신과 호족을 숙청한 것을 비판하는 등 왕이 교만하지 말 것을 경고하여 왕권이 지나치게 비대화되는 것을 견제하였다.

하지만 최승로의 시무 28조는 공신을 우대할 것을 주장하여 고려 전기가 문벌 귀족사회가 되는 기틀을 마련하기도 하였다.

《고려사》 '최승로전'에 나와 있는 시무 28조의 내용은 다음과 같다.

첫째, 우리나라가 삼한을 통일한 이래 47년이 지났는데 병사들이 아직까지 편안한 잠을 자지 못하고 군량을 많이 소비하는 것은 서북 지방이 미개 민족들과 국경을 맞대고 있어 경비할 곳이 많기 때문입니다. ……(중략)……

국경 지역의 사람들 중에서 말 달리고 활 쏠 줄 아는 사람을 선발하여 국경 경비를 맡게 하고, 또 그들 중에서 2~3명의 장수를 뽑아 통솔하게 하면 서울을 방어하는 군사들을 교대시킬 필요가 없습니다.

둘째, 불교 행사를 많이 갖게 된 것은 광종 때부터 시작된 일인 바 광종은 죄 없는 사람들을 많이 죽였기에 불교의 인과응보(因果應報)설에 따라 자신의 죄과를 제거하고자 백성들의 세금으로 불교 행사를 많이 가진 것입니다. 이제 불교 행사는 이익을 얻는 바가 없으므로 무익한 일을 하지 않으시기를 바랍니다.

셋째, 태조 시대에는 궁궐을 수비하는 군사들만 있어 그 숫자가 많지 않았으나, 광종 때에 죄 없는 사람들을 죽였기에 의심하는 마음이 생겨 병사들을 많이 늘렸습니다. 이제 용감한 사람들만 남기고 모두 돌려보내신다면 원망하는 사람도 없을 것이요, 나라에는 저축이 생기게 될 것입니다.

넷째, 상벌만 명확하게 시행하여 악을 징계하고 선을 권장하신다면 충분히 행복을 얻을 수 있을 것입니다.

다섯째, 우리 태조는 큰 나라를 섬기는 일에 많은 관심을 가졌습니다. 그러나 몇 해에 한 번씩 사신을 보내서 예방할 뿐이었는데 지금은 비단 예방하는 사신뿐만 아니라 무역으로 인하여 보내는 사신들도 매우 많으니, 중국에서 우리를 천하게 여기는 조건이 될까 염려됩니다. 또한 왕래하다가 배가 깨져 죽는 사람이 많으니 청컨대 지금부터는 예방하는 사신들로 하여금 무역을 함께 하게 하고 기타의 때 아닌 매매는 모두 금지시키십시오.

일곱째, 임금이 백성을 다스림은 집집마다 찾아가 날마다 돌보는 것이 아닙니다. 그러므로 수령을 나누어 보내 백성들의 이

해를 살피게 합니다. 우리 성조께서도 삼한을 통합하신 뒤에 지방관을 두려 했으나 대체로 초창기에 일이 번거로워 시간이 없었습니다. 이제 지방의 호족들이 매번 나랏일을 핑계로 백성들을 수탈하여 그들이 견디지 못합니다. 지방에 관리를 파견하는데, 먼저 10여 주현에 한 명의 외관을 두고 그 아래 2~3명의 관원을 설치하여 백성들을 다스리는 일을 맡기소서……

열한 번째, 중국의 제도는 준수하지 않으면 안 됩니다. 그러나 사방의 풍속은 각기 지방의 성질에 따라 변화되기 어렵습니다. 그 중 예악(禮樂)·시서(詩書)의 가르침과 군신·부자의 도는 마땅히 중국을 본받아 잘못된 것은 고치도록 하고 그 밖의 수레와 의복 제도는 우리나라의 풍속을 따르게 하여 사치와 검소를 적절하게 하면 됩니다. 모든 것을 반드시 구차하게 중국과 같이할 필요는 없습니다……

열네 번째, …… 성인이 하늘과 사람을 감동시키는 까닭은 그 순일한 덕과 사사로움이 없는 마음 때문입니다. 만약 성상께서 마음을 겸손하게 가지고 항상 임금이 신하들을 대할 때 공경하면서 두려워한다면 누가 마음과 힘을 다하여서 계책을 말하며 바르게 보필하기를 생각하지 않겠습니까? 이것이 이른바 임금은 예의로 대우하고 신하는 임금을 충성으로서 섬긴다는 것입니다. 바라건대 성상께서는 스스로 교만하지 말고 신하를 만남에 공손함을 생각하여 설사 혹 죄 있는 사람이 있다고 하더라도 그 가벼움과 무거움을 법대로 처리한다면 태평의 큰 업적을 이룰 것입니다.

스무 번째, …… 신이 듣건대 사람의 화복과 귀천은 모두 날 때부터 타고난 것이라 하오니 마땅히 순수하게 받아들여야 할 것이옵니다. 하물며 불교를 숭상하는 것은 다만 내생의 인과를 심을 뿐, 현세의 응보에는 이익됨이 적다고 하니 나라를 다스리는 요체는 여기에 있지 않은 것 같사옵니다. …… (중략)……

불교를 행하는 것은 수신(修身)의 근본이요, 유교를 행하는 것은 치국(治國)의 근원입니다. 수신은 내생의 복을 구하는 것이며, 치국은 곧 오늘날의 임무입니다. 금일은 지극히 가깝고 내생은 지극히 머니 가까움을 버리고 먼 것을 구함은 또한 그릇된 것이 아니겠습니까?

5. 고려의 정치 제도

→ 당나라의 3성 6부를 모방했으나, 고려는 나름대로 변형하여 운영하였다.

고려의 중앙정치 제도는 당나라의 3성 6부를 모방했으나, 2성 6부로 변형하여 운영하였다. 2성은 중서문하성과 상서성이다. 중서문하성은 내사문하성이라고 했으며, 국가 정책을 계획하고 심의하는 기능을 하고 있다. 장관은 문하시중이며, 2품 이상의 재신과 3품 이하의 낭사로 구성되었다. 재신은 관리들을 이끌면서 국가의 주요 정책을 심의, 결정하였다. 반면에 낭사는 간쟁·봉박·서경의 일을 맡았다. 간쟁은 임금의 잘못을 지적하는 것이며, 봉박은 임금의 잘못된 명령을 거부하는 것이고, 서경은 관리들의 임명이나 법령을 고치는데 인준권을 행사하는 것이다. 결국 낭사는 왕권을 견제하는 것이었다.

상서성은 정책을 집행하는 곳으로 6부를 두고 있다. 6부는 이·호·예·병·형·공부를 두어 각기 행정 분담을 하였다.

중추원은 왕명의 출납을 맡았으며, 삼사는 곡식과 화폐의 출납을, 어사대는 감찰 기관으로 관리들의 비행을 감시하는 곳이다.

합좌 기관으로 도병마사와 식목도감이 있었다. 도병마사는 원래 양계의 지방관을 일컫는 병마사를 통제하기 위한 목적이었으나, 2품 이상의 재신들이 모여 국방 문제와 대외 관계 등 국가 중대사를 의논하는 기관으로 바뀌었다. 원나라의 지배를 받을 때에는 도평의사사로 불리었다. 식목도감은 3품 이하의 추신들이 모여 격식 문제를 주로 의논하였으니, 관리 임용 때 신분 제한 문제 등을 논의하였다.

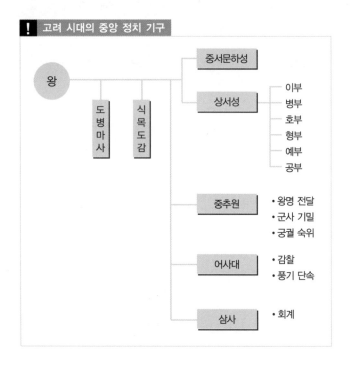

❗ 고려 시대의 중앙 정치 기구

6. 속현(屬縣)

→ 고려 시대에는 모든 고을에 지방관을 파견하지 않았다. 그래서 지방관이 파견된 주현(主縣)과 주현의 지방관들이 주변 고을을 다스리는 속현(屬縣)으로 이루어져 있었다.

고려의 지방 제도는 5도 양계이다. 양계는 국경 지역에 설치된 군사 행정 구역이다. 군사적인 성격이 강해 병마사를 파견하였으며, 일반적인 군, 현보다 군사를 관장하는 진을 두어 다스렸다. 5도는 일반 행정 구역으로 안찰사가 관장하였으나, 직급이 낮고 임기가 6개월 정도였으므로 제대로 임무를 수행하지 못했다. 5도 아래 주·군·현을 두어 주와 군에는 지사, 현에는 현령을 파견하여 다스렸다. 그러나 모든 고을에 지방관을 파견하지 않았다. 중요한 지역에만 지방관을 파견하고, 주변의 고을을 다스리도록 하였다. 그리하여 지방관이 파견된 주현(主縣)과 주현의 지방관들이 주변 고을을 다스리는 속현(屬縣)으로 이루어져 있었다.

특수 행정 구역으로 향·부곡·소도 있었다. 신라 시대 이래 농업에 종사하던 천민들이 모여 살던 향·부곡과 수공업에 종사하여 금·은·구리 등 지하자원과 종이·먹·도자기를 생산하여 국가에 납품하는 수공업자들이 모여 사는 소가 새로 생겨났다.

시대가 지남에 따라 왕권이 강화되어 속현의 수가 차츰 줄어들고, 향·부곡·소도 신분이 상승되어 양인 마을로 개편되었다.

7. 고려 시대의 문화

→ 고려 시대 문화의 전기는 귀족 불교 중심으로, 후기는 불교와 성리학이 문화의 중심으로 자리 잡았다.

고려 전기는 귀족 불교 중심의 문화가 자리 잡았다. 그리하여 귀족들이 사용하는 그릇을 중심으로 상감청자가 발달되었다.

불교 중심의 문화는 섬세함과 정교한 기술을 엿볼 수 있는 석부도(石浮屠)와 같은 미술품이 발달되었으니, 그 예로 정토사 실상탑과 법천사 현묘탑을 들 수 있다.

신라의 양식을 이어받은 석탑으로 현화사 7층 탑이 있는데, 돌탑의 직선미보다는 둥근 모양을 띠고 있다. 중기 이후에는 라마 불교의 영향을 받은 팔각탑 양식의 월정사(月精寺) 9층 탑이 있다. 불상은 통일 신라 시대보다 섬세한 부분이 떨어지니, 관촉사의 미륵불과 부석사 아미타불상이 있다.

회화도 상당히 발달하여 이영(李寧)은 '예성강도(禮成江圖)'를 남겼으며, 그 아들 이광필(李光弼)도 회화에 뛰어났다. 글씨는 신라의 김생(金生)과 함께 유신·탄연·최우를 신품4현(神品四賢)으로 일컬었다.

고려 후기의 문화는 무신정권이 보조국사 지눌(知訥)이 개창한 조계종(曹溪宗)을 후원하니, 불교 미술이 교종의 화려함과 불사 작업이 나타나지 못했다. 오늘날 남아 있는 불교 예술로 주심포 양식의 목조 건축물인 부석사 무량수전(無量壽殿)과 수덕사 대웅전이 있으며, 특히 안동 봉정사 극락전은 가장 오래된 건물로 알려져 있다. 석탑으로는 원의 석탑 양식을 본뜬 경천사 10층 석탑이 있으며, 조선 시대까지 그 양식이 이어졌다. 그림에는 공민왕의 '천산 대렵도(天山大獵圖)'와 일본에 전해오고 있는 혜허의 '관음보살도'가 대표적인 작품이다. 글씨는 원나라의 조맹부(趙孟頫)에 의한 송설체(松雪體)가 유행하였으니 이암이 대표적이다.

음악은 신라 시대 이래 전해 내려온 고유 음악인 속악(俗樂) 외에 당악(唐樂)과 송악이 수입되어 고려 음악이 발전하게 되었다.

고려 후기에는 성리학의 전래로 학문과 사상면에서 새로운 전환점이 되었다. 충렬왕 때 안향(安珦)에 의해 수입된 성리학은 불교 배척의 기운이 나타났으며, 조선이 건국되는 바탕이 되었다.

월정사 8각 9층 탑

부석사 무량수전

	고려 전기	고려 후기
성격	귀족적, 불교적	서민적, 불교적
불상	· 부석사 아미타소조여래상 · 관촉사 석조미륵보살 입상	
미술, 공예	용주사 동종	상감청자
석조, 건축물	· 월정사 8각 9층 탑 · 부석사 무량수전	경천사지 10층 석탑 (라마교 불탑 양식)
역사서	김부식의 삼국사기 (기전체)	일연의 삼국유사 (단군신화 수록)
인쇄술	목판 인쇄술 — 대장경 (거란 침입 때 초조대장경, 의천의 속장경)	· 직지심경 (현존 가장 오래된 금속 활자본) · 팔만대장경(몽고 침입 때)

8. 이민족과의 충돌

→ 문치주의(文治主義)를 표방한 고려였기에 이민족의 침입을 많이 받았다.
거란족, 여진족, 몽골족, 홍건적, 왜구의 순으로 침입을 받았다.

고려 시대는 문신 위주의 정치인 문치주의를 펼쳤다. 그리하여 과거
시험도 무과는 실시하지 않았다. 무과를 실시하지 않았기에 문신들이
무인들을 얕보고 차별하였으므로 고려 중기에 정중부(鄭仲夫)를 비롯한
무인들이 정변을 일으킨 것이다.

문치주의는 국방력의 약화를 가져와 다른 이민족의 침입을 받았으며,
여진족이나 몽고족에게는 형제관계나 부마국으로 전락하기까지 하였다.

고려 시대에 침입한 주요 이민족들은 거란족→여진족→몽고족→
홍건적→왜구의 순이었다.

고려 태조는 거란족이 발해를 멸망시켰다는 이유로 거란과의 친선관계

강감찬 영정(上)과 사당인 안국사(下)

를 거부하였다. 거란족은 요나라를 건국하면서 고려를 침입하였다. 3차례에 걸친 침입으로 고려는 한때 현종(顯宗)이 피난을 갈 정도로 나라가 위기에 몰리기도 하였다. 하지만 1차 침입은 서희(徐熙)의 외교술로 오히려 강동 6주를 되찾음으로써 통일 신라 이후 우리나라의 영토를 압록강까지 넓히는 계기가 되었다. 2차 침입 때는 현종이 나주까지 피난을 갔으며, 나라가 위기에 처하자 하공진(河拱辰)이 외교 담판을 벌여 강화를 맺은 후에 돌아가는 거란군을 양규(楊規)가 귀주에서 물리쳤다. 3차 침입 때는 강감 찬(姜邯贊)이 소배압(蕭排押)의 10만 거란군을 귀주에서 물리쳤다.

이후 고려와 거란은 전쟁을 중단하고 강화를 맺어 사신을 교환하며 교류를 하였다.

여진족은 원래 발해의 피지배계층인 말갈족의 후예들이다. 여진족은 고려를 부모의 나라라고 섬기며 말과 화살을 조공(租貢)하였고, 고려는 이에 대한 대가로 식량과 농기구를 주었다. 그러나 완옌부가 여진족을 통일하면서 고려와 국경을 맞대면서 충돌을 하게 되었다.

고려에서는 윤관(尹瓘)이 별무반(別武班, 신기군-기병, 신보군-보병, 항마군-승병)을 구성하여 예종(睿宗) 2년(1107)에 여진족을 물리치고 동북 9성을 설치하였다. 그러나 여진족이 돌려주기를 간청하고 거리가 멀어 방비하기도 어려워 예종 4년(1109)에 9성을 돌려주었다. 여진족은 강성해지면서 금나라를 건설하고 고려에 대해서 압력을 가해와 군신관 계를 맺으면서 고려의 북진 정책은 중단되었다.

13세기에 접어들어 칭기즈 칸이 몽골족을 통일하면서 세력을 확장하 였다. 거란을 매개로 공식적인 외교관계를 맺었던 고려와 몽골은 고려에 왔다가 귀국하는 몽골 사신 저고여가 압록강 국경 부근에서 피살되자 외 교관계가 단절되었다. 이후 몽골은 1231년에 1차로 침입해온 것을 계기 로 6차례에 걸쳐 침입하였다. 몽골이 침입하자 관리들은 도망을 쳤으나, 관노비와 초적들이 몽골군에 항전하며 싸웠다. 특히 처인성 전투에서는 김윤후(金允侯)가 몽골군 장수인 살리타(Salietai)를 사살하기도 하였다.

최씨 정권은 강화도로 피난을 가면서 끝까지 항전을 하려고 하였으나,

본토에 남아 있는 백성들의 고통은 컸다. 결국 최씨 무신 정권을 무너뜨린 임유무가 피살되고 몽골과 강화를 맺으면서 긴 전쟁은 끝이 났다.

몽골과의 강화에 반대한 삼별초는 강화도에서 진도로, 진도에서 제주도로 근거지를 옮겨가며 저항을 하다가 고려와 몽골의 연합군에 의해 진압되었다. 삼별초의 항쟁은 고려인의 자주 정신을 보여준 사건이었다.

원나라의 지배에 항거한 반몽 한족 집단인 홍건적(紅巾賊)은 공민왕을 멀리 안동까지 피난가게 할 정도로 위세를 떨쳤으나 정세운(鄭世雲)과 이방실(李芳實)의 활약으로 물리쳤다.

왜구는 쓰시마 섬에 근거를 둔 해적이었다. 이들은 식량을 얻기 위하여 고려를 침입하였다. 왜구의 침입으로 조세의 운반이 어려워지고 내륙까지 큰 피해를 보았다. 고려에서는 최영(崔瑩)이 홍산에서, 이성계(李成桂)는 황산에서, 그리고 최무선(崔茂宣)은 화약을 발명하여 왜구를 물리쳤으며 박위(朴葳)는 전함 100척을 이끌고 쓰시마 섬을 정벌하기도 하였다.

이민족	내용	
거란족	1차(서희 : 강동 6주) → 2차(양규) → 3차(강감찬 : 귀주대첩)	
여진족	윤관(별무반)의 정벌(동북 9성) → 금건국 → 동북 9성 반환 → 형제관계(북진 정책의 좌절)	
몽골족	몽고의 침입(1231) → 강화 천도, 대몽 항전, 팔만대장경 간행 → 몽고와 강화 → 삼별초 항쟁 → 원 간섭	
홍건적	정세운과 이방실의 활약	신흥 무인 세력의 성장
왜구	최영(홍산싸움), 이성계(황산싸움), 최무선(화약 이용 - 진포싸움), 박위(쓰시마 정벌)	

고려 시대 이민족과의 충돌

《고려사》에 실린 거란의 1차 침입 때 서희(徐熙)가 소손녕(蕭遜寧)을 설득한 장면

거란의 소손녕(蕭遜寧)이 쳐들어오자 고려의 관리들은 모두 거란의 요구를 들어주자고 하였다. 그러나 서희(徐熙)는 이에 반대하고 소손녕의 진영으로 갔다.

소손녕이 서희에게 말하기를 "그대 나라가 신라 땅에서 일어났고, 고구려 땅은 우리의 소유인데 고려가 차지하였고, 또 우리와 국경을 접하였는데도 바다를 넘어 송과 교류를 하므로 오늘 군사를 이끌고 오게 된 것이다."라고 하자, 서희가 말하기를 "아니다. 우리나라가 곧 고구려의 옛 땅이다. 그러므로 국호를 고려라 하고 평양에 도읍하였으니, 만일 국경으로 논한다면 그대 나라의 동경은 다 우리 경내에 있거늘 어찌 우리가 차지했다고 하리오? 그리고 압록강 안팎 역시 우리 영토 내에 있는데, 여진이 도적질하여 차지하고 있다. 만일 여진을 내쫓고 우리의 옛 영토로 만들어 성을 쌓고 도로를 통하게 하면, 어찌 관계를 맺지 않겠는가?"

이렇게 우리나라의 국경선을 통일 신라 이래 압록강까지 확장한 서희는 이천에서 태조 25년(942)에 출생하였다. 서희의 탄생에 관련한 전설이 있는데, '하루는 서희의 할아버지가 효향산 기슭에서 나무를 하던 중 사냥꾼에게 쫓기는 어린 사슴을 나무속에 감추어 주었다. 얼마 후 사냥꾼이 급히 쫓아와 이곳으로 사슴이 뛰어오지 않았느냐고 물었다. 이에 방금 저쪽으로 달아났다고 말하니, 사냥꾼은 급히 그쪽으로 뛰어갔다. 새끼 사슴을 나무속에서 꺼내 살려 보내니 그날 밤 할아버지 꿈에 신령이 나타나 말했다.

"나는 이 효향산 신령인데 내 아들을 구해 주었으니, 머지않아 서씨네 집안이 번창하리라."

할아버지가 그와 같은 꿈을 꾸고 난 뒤 서희가 태어났다고 한다.

광종 11년(960) 문과에 급제한 후 여러 벼슬을 거쳤다. 성종 12년(993)에 거란이 침입해오자 중군사로 북계에 출전했다. 전세가 불리해지자 정부에서는 항복하자는 안과 평양 이북을 할양하고 강화하자는 안 중에서 후자를 택하기로 하였으나, 서희는 이에 극력 반대하여 자진해서 국서를 가지고 가 적장 소손녕과 담판을 벌였다. 이때 고구려 땅은 거란 소유라는 적장의 주장에 반박, 국명으로 보아도 고려는 고구려의 후신임을 설득하여 거란군을 철수시켰다.

성종 13년(994)에 평장사(平章事)로 청천강 이북의 여진족을 축출하고 장흥진, 곽주 등에 성을 쌓았으며, 압록강 진출의 전진기지로 삼았다.

또 압록강 문제를 전담할 압강도구당사(鴨江渡勾當使)를 두게 하였으며, 이듬해 안의진 등지에 성을 쌓고, 선주 등지에 성보(城堡)를 쌓아 지금의 평안북도 일대의 국토를 완전히 회복하면서 통일 신라 시대 이래 북쪽 국경선을 압록강까지 확대하여, 고려 태조가 추진한 북진 정책(北進政策)을 계승, 발전시켰다.
목종 1년(998)에 신병으로 개국사(開國寺)에서 죽으니, 향년 57세였다.

9. 고려 시대의 대외 무역

→ **고려 시대에는 벽란도에 송나라, 아라비아, 일본, 동남아시아 상인들이 와서 무역을 했다.**

외국에서는 우리나라를 코리아라고 부른다. 이렇게 알려진 것은 고려 시대 우리나라에서 무역을 한 아라비아 상인들에 의해서이다.

고려의 서울인 개경의 관문으로 벽란도가 있었다. 개경에서 30리쯤 떨어진 곳인데, 고려 제일의 무역항이었다. 이곳에는 송나라, 아라비아, 일본, 동남아시아 상인들이 와서 무역을 했다. 대식국으로 불린 아라비아 상인들은 열대 지방의 몰약, 베트남에서 나는 향료, 수은 등을 가지고 와서 무역 거래를 하였다.

벽란도를 통해서 아라비아 상인들뿐만 아니라 송나라 상인들도 많이 왔다. 이들은 비단, 차, 약재, 책 등을 갖고 와서 가장 좋은 품질의 물건들은 궁궐에 바치고 나머지를 팔았다. 대신 삼베, 모시, 인삼, 종이를 사 가지고 송나라로 돌아갔다. 그중에 가장 인기 있는 것이 바로 인삼이었다. 인삼 다음으로 인기 있는 것은 종이였다. 중국 사람들이 우리나라의 종이를 얼마나 좋아했느냐 하면, 부모님께 효도하는 방법 중의 하나가 돌아가신 부모님의 제사를 지낼 때 지방을 조선 종이로 쓰면 효자 소리를 들었다고 할 정도였다.

송나라에서 우리나라로 오는 길은 산둥 반도에서 황해를 거쳐 벽란
도로 오는 길과 산둥반도 남쪽의 명주(지금의 밍저우)에서 황해를 거쳐
벽란도로 오는 길이다. 그때 가장 위험한 곳이 바로 황해도 장산곶 부
근의 인당수인데 심청이가 빠진 곳으로 알려진 장소이다. 물길이 워낙
험해서 바다를 잔잔하게 하기 위해 심청이를 빠뜨렸다는 얘기가 전해
진다.

무역이 활발했던 고려에서는 상업도 발달하였다. 50만 명의 인구가
있었던 개경에는, 광화문에서 남쪽으로 뻗은 남대가를 따라 양편에 가
게들이 늘어서 있었다. 이곳에는 종이를 파는 지전, 말을 파는 마전, 기
름을 파는 유시, 차를 파는 다점, 만두를 파는 쌍화점 등이 있었다. 하지
만 차나 만두는 수입품이라 비싸서 다점과 쌍화점에는 주로 부자인 지
배층들이 이용하였다.

이곳의 가게들은 나라에서 특권이 주어진 곳으로, 이들은 각지에서
물건을 사다가 왕실과 관청에 공급을 하는 대신에 물건을 팔 수 있었던
것이다.

개경에는 노천 시장도 있어서 미리 시장을 여는 날짜와 관청으로부터
허가를 받은 장소에서 민간인이 열었다. 이곳의 물건들은 시전보다 싼
물건들이 많아 주로 일반 백성들이 많이 이용하였다.

10. 공무원 승진과 근무 성적

→ 고려 시대에 '포폄(襃貶)'이라는 제도가 있었으며, 조선 시대까지 이어
졌다. 특히 지방 관리의 평가에 많이 이용되었다.

한때 우리나라 교육 공무원들이 근무 성적에서 좋은 점수를 받아 교감이나 교장으로 승진하기 위해 도서, 벽지로 가겠다고 치열한 경쟁을 한 적이 있다.

이러한 근무 성적에 따른 공무원 승진 규정은 고려 시대부터 적용이 되었다. 그리하여 고려 시대에 연말이 되면 관리들이 초긴장 상태에 들어갔다. 이를 포폄(襃貶)이라 하였다.

우리나라에서 포폄에 의한 인사 행정 제도를 확립한 것은 고려 제6대 성종 8년(989)에 6품 이하의 관리에 적용할 때이다. 이후 현종 9년 (1018)부터 연말에 연종 도력법이 시행되었고, 예종 즉위년(1105)에 지방관 평가 제도인 수령 전최법(守令殿最法)이 마련되었다.

공민왕 때에는 근무 일수를 기준으로 한 도숙법(到宿法)이 수립되었고, 공양왕 때에는 근무 월수를 기준으로 삼는 개월법(個月法)이 신설되었다.

포폄은 특히 지방관의 심사를 가장 중요시했는데 ① 전야(田野)의 개간 ② 호구(戶口)의 증가 ③ 부역의 균등 ④ 사송(詞訟)의 간결 ⑤ 도적의 근절 등 다섯 가지 면으로 성적을 판정하도록 하였다.

조선 시대에 들어와서는 태조 원년(1392)에 이미 지방관의 성적 평가 원칙을 정했는데 크게 4등급으로 나누었다.

① 최(最) - 농지의 개간, 호구의 증가, 부역의 균등, 학교의 흥성, 사송의 간결 ② 선(善) - 공정하고 청렴하며 부지런하고 겸손함. ③ 악(惡) - 게으르고 난폭하며 욕심이 많음. ④ 전(殿) - 농지의 황폐, 호구의 손실, 부역의 번잡, 학교의 폐지, 사송의 번잡……

이러한 기준은 그 뒤 다소 변화가 있지만 관찰사가 매년 6월 15일과 12월 15일에 지방관의 실적을 왕에게 보고하면, 10회 포폄시사에서 모두 '최' 면 1계급 승진이요, 2번 '악' 에 해당하면 좌천이고, 3번이면 파직시켰다.

중앙의 관리도 세종 이후에 소속 관아의 책임자나 당상관이 등급을 매겨 왕에게 올려 지방관과 같은 상벌을 내렸다. 감찰 기관이었던 사헌부나 사간원의 관리들은 이와 같은 포폄에서 예외 대상이었다.

이러한 공무원 인사 점수 제도는 국가 행정을 원활히 해나가면서 복지부동(伏地不動)의 안이한 근무 태도를 바로잡을 수도 있었지만, 자칫 학연, 지연, 혈연에 의한 정실(情實) 인사가 행해지는 부작용이 발생하기도 하였다.

11. 임진왜란과 도자기 기술의 쇠퇴

→ 저장용기로 사용되던 토기가 고려 시대에 들어와 독자적으로 발달하여 상감청자(象嵌靑瓷)가 나왔으며, 조선 전기에는 분청사기(粉靑沙器), 조선 후기에는 청화백자(靑華白瓷)가 뒤를 이어 우리나라를 대표하는 도자기가 되었다. 임진왜란 이후 도자기 기술이 쇠퇴하였다.

우리나라 도자기의 발달을 보면 고려 시대의 상감청자에서 조선 전기의 분청사기, 조선 후기의 청화백자로 변화하였다.

그 이전에도 흙으로 만든 토기는 발달되었다. 구석기 시대에는 저장의 필요성을 느끼지 않아 토기가 필요 없었다. 그러나 신석기 시대에 접어들어 농경과 목축이 이루어지면서 수확물을 저장하고 보관을 해야 했다. 그리하여 브이(V)자 모양의 빗살무늬 토기를 만들어 사용하였다.

청동기 시대에는 민무늬 토기가 사용되었다. 무문토기(無文土器)라고

백제 잔과 잔받침
[허가번호 : 중박 200906-231]

백제 뼈단지와 돌함
[허가번호 : 중박 200906-231]

불리는 민무늬 토기는 생활공간이 바닷가나 강가에서 야산이나 언덕으로 옮겨지면서 바닥이 평평해졌으며, 그릇 표면에 아무런 무늬가 없는 토기이다. 민무늬 토기는 주로 붉은색이지만 갈색과 검은색이 종종 섞여 있다.

초기 철기 시대는 청동기 후기와 겹치는 시기이므로, 청동기 시대의 민무늬 토기가 그대로 사용되었다. 청동기 시대의 민무늬 토기의 전통이 계속되는 가운데 중국 한나라의 새로운 토기 굽는 기술이 받아들여져 보다 단단하고 다양한 형태의 토기가 만들어졌다. 한나라의 영향을 받은 토기를 경질무문 토기라고 부른다.

삼국 시대의 가장 큰 특징은 연질 또는 경질의 타날무늬(두들긴 무늬) 회색 토기와 적갈색 타날무늬 토기이다.

고구려는 중국의 북조 문화의 영향을 받아 토기는 아가리가 크게 벌어지고, 손잡이가 네 개 달린 항아리(四耳壺, 사이호), 배부른 단지, 깊은

고려 청자 투각칠보무늬 향로
[허가번호 : 중박 200906-231]

고려 청자 참외형병
[허가번호 : 중박 200906-231]

바리 모양이 대표적인데 대부분 밑이 납작한 모양이다.

백제 초기에는 밑이 둥근 단지와 항아리가 많지만, 생활용기인 바리, 대접, 잔, 접시, 합, 시루, 병 등이 고루 갖추어져 있다. 또 굽다리접시, 뚜껑접시, 세발토기, 방울잔, 그릇받침 등의 의례용(儀禮用) 토기도 있으며, 벼루, 등잔, 변기 등 특수용기도 있어 그릇 종류가 매우 다양함을 보여준다. 중기 이후부터는 납작바닥 그릇이 많이 쓰였으며, 사비 백제 시대에는 불교의 영향으로 화장(火葬)이 유행하게 되면서 크고 작은 뼈단지도 많이 만들어졌다.

초기의 신라 토기는 가야 토기와 비슷했지만, 5세기가 되면 토기의 색깔이 회색을 띠며 그릇이 얇아지는 등 신라 토기로서의 특징이 나타난다. 가야 토기와 구별되는 특징으로 목항아리나 굽다리접시의 굽에

나 있는 구멍으로 가야 토기는 아래 위 일렬로 배치되는 경향이 많은데 비해, 신라 토기는 네모난 구멍을 서로 엇갈리게 뚫은 것이 많다. 또한 목항아리나 굽다리접시의 뚜껑에 동물이나 인물을 조그맣게 만들어 붙이는 것이 신라 토기만의 특징이다.

고려 시대에 접어들어 초기에는 중국 청자의 영향을 받다가 12세기에 이르러 독자적이면서 우수한 상감청자를 만들어냈다. 나전칠기와 금속 공예에서 사용하던 기술을 응용하여 고려도자기 장인들이 새롭게 상감기법으로 만든 것이다. 상감이란, 금속·도자기 등의 겉면에다 여러 가지 무늬를 파고, 파낸 자리에 다른 빛깔의 흙을 메워 무늬를 표현하는 기술

백제 금동대향로
[허가번호 : 중박 200906-231]

또는 그렇게 해서 만든 작품을 가리킨다. 상감기법을 도자기에 사용함으로써 유약은 얇고 투명해져서 파르스름한 유약을 통해 상감 무늬가 드러나게 되었다. 상감청자의 아름다움은 1123년(인종 원년)에 북송 휘종의 사신 중 한 명으로 고려에 왔던 서긍(徐兢)이 자신이 쓴 책인 《선화봉사고려도경(宣和奉史高麗圖經)》에서도 '청자의 색은 청색으로, 고려인들은 비색(翡色)이라 부른다.' 고 하여 고려청자의 아름다움에 감탄하

고려 분청사기 상감 용무늬 항아리
[허가번호 : 중박 200906-231]

고려 분청사기 인화 국화무늬 병
[허가번호 : 중박 200906-231]

청화 백자 구름 용무늬 항아리
[허가번호 : 중박 200906-231]

조선 16세기 분청사기 철화 물고기무늬 병
[허가번호 : 중박 200906-231]

조선 17세기 백자 달항아리
[허가번호 : 중박 200906-231]

조선 15~16세기 백자병
[허가번호 : 중박 200906-231]

고 있다. 고려청자는 12세기 중엽까지 또 다른 면으로 발달하여 유약은 조금씩 더 밝아지고, 새롭게 정제된 음각과 양각 문양이 발전을 거듭하여 보다 완성된 상태를 보여주고 있다.

상감청자가 고려 말기에 몽골의 침입으로 정치와 사회가 혼란에 빠지고, 더하여 왜구가 침입하여 강진과 부안 등의 상감청자 가마에서 생산을 할 수 없게 되자 새로운 그릇에 대한 필요에서 분청사기가 만들어지게 되었다. 분청사기가 전성기를 이룬 것은 세종대왕 때로 그릇의 질이나 형태 및 무늬의 종류, 무늬를 넣은 기법 등이 세련되면서 그 절정을 이루게 되었다.

기본 흙[胎土]에 흰 흙[白土泥]을 바르고 유약을 입힌 자기인 분청사기는 상감청자가 쇠퇴하기 시작하면서 나타나 청화백자가 나타나기까지 300여 년을 왕실과 일반 백성들이 쓴 그릇이다. 안정된 그릇 모양과 천진스런 무늬가 어우러져 구김살 없는 우리의 멋을 잘 나타내고 있다.

하지만 임진왜란으로 분청사기를 만드는 도공[陶工]들이 일본으로 잡혀가면서 더 이상 생산되지 못하였다. 더구나 나라에서는 직접 운영하는 관요[官窯]인 광주에서 청화백자를 만들면서 쇠퇴하였다.

임진왜란이 끝나고 분청사기가 쇠퇴하자 중국의 청화백자를 발달시켜 새로운 청화백자를 탄생시켰다. 17C 후반에는 양란의 혼란이 안정되어 백자가 전국적으로 확산되어 사용되었으며 청화백자가 만들어졌다. 청화백자는 백자에 푸른색의 굵은 필치로 자유롭게 그려진 구름과 용이 주로 등장하는 백자이다. 그 후 18C는 문화의 전성기로 백자에 있어서 고전적인 유백색[乳白色], 설백색[雪白色]의 백자와 간결한 청화백자가 제작되었다. 조선 시대의 백자는 검소하고 질박한 우리 조상의 평범한 모습이다.

12. 이자겸의 난과 지배층의 변화

→ 고려 귀족사회의 모순은 이자겸(李資謙)의 난으로 표면화되었고, 묘청 (妙淸)의 서경 천도 운동으로 더욱 두드러지게 되었다.

고려 전기는 5품 이상 관리의 자제들은 과거를 거치지 않고 관리가 될 수 있는 음서제와 5품 이상의 관리에게 주어지는 토지인 공음전(功蔭田)의 세습으로 문벌 귀족사회가 형성되었다.

문벌 귀족들은 점차 자신들의 기득권을 유지하기 위하여 보수적이며 배타적 태도를 취하였다. 새롭게 지배 세력으로 편입하려는 지방 출신의 관료층은 개혁을 통해 자신들의 지위를 차지하려고 시도하였다. 하지만 문벌 귀족들은 이들의 중앙 귀족으로의 편입을 허락하지 않는 배타적·이기적인 모습을 드러냈다.

이에 이자겸(李資謙)의 난과 묘청(妙淸)의 서경 천도 운동으로 문벌 귀족사회가 무너지게 되었다.

이자겸의 경원 이씨 가문은 문종 때부터 왕실과 혼인 관계를 맺으면서 80여 년 동안 권세를 누리다가, 이자겸 때에 이르러 전성기를 맞이하였다. 이자겸은 자신의 둘째 딸을 예종과 혼인을 시키는가 하면, 외손을 인종으로 즉위시킨 후에 셋째 딸과 넷째 딸을 인종에게 출가시켰다. 자매가 하루아침에 고부(姑婦) 지간이 되었던 것으로 유교사회에서는 도저히 인정할 수 없는 일이었다.

때마침 여진족이 금나라를 세우고 고려에 군신(君臣)관계를 요구해왔다. 선왕인 예종 때 윤관에 의하여 개척된 동북 9성을 여진의 요구에 의하여 되돌려 주었다. 이것은 문벌 귀족들이 자신들의 정권을 유지하기 위한 것이었다. 그러므로 이자겸은 자신들의 정권을 유지하기 위해서는 강력한 군사력을 지닌 금나라의 군신관계 요구를 거절하지 못했다.

금나라의 군신관계 요구를 들어준 이자겸은 '이씨가 왕위에 오른다 〔十八子爲王〕'는 내용의 도참설(圖讖說)에 빠지게 되었다. 이자겸은 도참설을 믿고 자신이 왕위에 오르리라 생각하고 인종을 폐위하고 왕위에 오르려는 역모를 꾀하게 되었다. 인종도 이자겸의 계획을 눈치 채고 이자겸의 심복인 척준경(拓俊京)을 회유하는데 성공하여 이자겸을 제거하는데 성공하였다. 인종은 정지상을 시켜 척준경을 탄핵하게 하여 척준경마저도 제거하여 이자겸의 난을 진압할 수가 있었다.

이자겸의 난으로 궁궐이 불타고 왕권은 땅에 떨어지게 되었다. 이를 빌미로 일어난 것이 묘청의 서경 천도 운동이다. 두 사건으로 문벌 귀족 중심의 고려사회는 무너지게 되었다.

❗ 고려 시대 지배층의 변화

고려 전기	무신정변 이후	원 지배하	고려 말기
문벌 귀족 (음서제와 공음전이 뒷받침)	무신	권문세족	신진 사대부

13. 신채호 선생이 평가한 묘청의 서경 천도 운동

→ 신채호(申采浩) 선생은 《조선사 연구초(朝鮮史硏究草)》에서 고려인의 자주성을 나타낸 묘청의 서경 천도 운동을 우리나라에서 일어난 가장 큰 사건으로 평가하였다.

신채호 선생은 《조선사 연구초》에서 '조선 역사상 일천 년래의 가장 큰 사건'으로 묘청의 서경 천도 운동을 꼽고 있다.

묘청의 천도 운동(고려 인종 13년)에 대하여 역사가들은 단지 왕사(王師)가 반란한 것으로 알고 있는데, 이는 겉으로 드러난 것만 보고 판단한 것이다. 그 실상은 낭가(郎家)와 불교의 연합 세력과 유교 세력의 싸움이며, 국풍파(國風派) 대 한학파(漢學派)의 싸움이며, 독립당 대 사대당의 싸움이며, 진취 사상 대 보수 사상의 싸움이니 묘청은 전자의 대표요, 김부식(金富軾)은 후자의 대표였던 것이다.

묘청의 천도 운동에서 묘청 등이 패하고 김부식이 이겼으므로 우리 역사가 사대적·보수적·속박적 사상인 유교 사상에 정복되고 말았다. 만약 김부식이 패하고 묘청이 이겼더라면, 우리 역사가 독립적·진취적으로 진전하였을 것이니 이것이 어찌 일천 년래 가장 큰 사건이라고 하지 아니하랴.

신채호 선생의 평가는 김부식에게도 적용되어 《삼국사기》가 신라 중심의 역사로 쓰였으므로 많은 오류가 있었을 것으로 판단하고 있다. 신채호 선생은 부여 → 고구려 → 발해 → 고려로 우리나라 역사의 계보를 밝히고 있다.

하지만 묘청의 서경 천도 운동은 지금까지 고려의 중심 세력이었던 문벌 귀족사회가 분열되었으며, 묘청을 중심으로 한 지방 세력과 풍수지리설이 결합되어 자주적 전통 사상과 김부식을 중심으로 한 사대적 유교 정치사상의 충돌, 고구려의 계승을 둘러싼 정치 세력 간의 대립으로 일어난 문벌 귀족사회의 내부 모순에서 발생한 사건이다.

신채호 선생은 일본이 식민사관을 도입하여 한국 지배를 합리화하기 위하여 역사를 왜곡하자, 새로운 민족주의사관을 계발하여 국민들에게 애국심과 자부심을 고취하기 위하여 많은 책을 썼다. 실학의 역사의식을 계승한 신채호는 실증적이고 비판적인 사관을 제시하였다. 나라를 빼앗긴 뒤에는 만주·중국으로 망명하여 독립 운동을 펼치면서 사적지를 답사하여 역사 연구를 계속하였다. 특히 만주에 널려 있는 고구려의 역사를 회복하는데 노력하였다. 이러한 민족주의 사관에 입각한 대표적인 저술이 《조선 상고사(朝鮮上古史)》와 《조선사 연구초》이다.

? 알고 넘어가기

낭가 사상이란?

신채호가 1920년대에 체계화한 우리 민족 고유의 전통 사상이다. 신채호는 신라의 국선(國仙)이 고구려의 선인(仙人)과 서로 통한다고 주장하였다. 그리고 국선에서 발전한 신라의 화랑이 본래 삼한 시대에 제사를 주관하던 소도(蘇塗)의 무사이며, 당시에 이는 '선비'라고 불리었다. 그러므로 우리나라의 선은 도교의 선과 구분되므로, 우리나라의 전통적인 선 사상을 낭가 사상으로 불러야 한다고 주장하였다.

14. 불교 통합 운동

→ 고려 전기에는 대각국사 의천(義天)이 교종을 중심으로 선종을, 무신 정변 이후에는 보조국사 지눌(知訥)이 선종을 중심으로 교종을 통합하였다.

통일 신라 시대에 백성들 사이에 널리 유행한 불교는 고려 태조가 숭불 정책을 추진하면서 더욱 확산되었다.

고려 시대에는 통일 신라 시대의 5교 9산이 5교 양종으로 통합이 되었다. 5교 양종이 되었으나 여전히 불교계는 분열의 양상을 띠고 있었다. 이에 문종의 넷째 아들로 불가에 입문한 대각국사 의천(義天)은 교관겸수(敎觀兼修)를 주장하며 교종 중심으로 선종을 통합하려고 하였다. 교관겸수에서 '교'는 교종에서 중요하게 여기는 경전을 말하고, '관'은 선종에서 중요하게 여기는 참선을 가리키는 것이며, '겸수'는 함께 공부한다는 의미이다.

대각국사는 기존의 교종이 마음으로 진리를 찾고 그 진리에 따라 실천하는 것이 부족하며, 선종은 경전 공부를 게을리 하는 것을 각각 비판하였다. 그리고 자신이 송나라에 유학하여 공부한 천태종(天台宗)을 교종과 선종의 교리를 실천하면서 불교를 하나로 통합할 수 있는 종파라고 하였다. 대각국사는 자신이 쓴 《대각국사 문집》에서 '나는 항상 글을 읽을 때마다 책을 덮고 크게 한숨을 쉬며 뉘우친다. 성인의 가르침이라고 하는 것은 단지 입으로만 말하는 것이 아니라 실천하는데 있다. 어찌 한쪽에 매달려 있는 박처럼 쓰임이 없어서 되겠는가?

왕자라는 신분을 벗어나 선을 공부하며 두루 사찰을 찾다가 진수대법사 아래에서 교관의 기본을 배웠다. 진수대법사는 일찍이 제자들에게 말씀하시기를 '관(觀)을 배우지 않고 불교 경전만 배우면 비록 5주의 인과를 들었더라도 3중의 성덕(性德)에는 통하지 못하며, 경전을 배우지 않고 관만 배우면 비록 3중의 성덕을 깨쳤으나 5주의 인과를 구별하지 못한다. 그러므로 관을 배우지 않고 경도 배우지 않을 수 없다.' 하였다. 내가 교관에 마음을 쓰는 까닭은 이 말을 듣고 깊은 감명을 받았기 때문이다.' 와 같이 천태종의 개산 이유를 밝히고 있다.

천태종은 무신정변이 일어날 때까지 고려 불교를 이끌었다. 그러나 무신정변이 일어나 천태종을 중심으로 한 교종이 문벌 귀족과 힘을 합쳐 대항하자, 무신들은 선종에 관심을 가지게 되었다.

무신정변을 정리한 최충헌(崔忠獻)은 지눌이 결성한 수선사(修禪社)를 지원하기에 이르렀다. 원래 수선사는 불교의 폐단을 개혁하자는 정화 운동이었다.

지눌은 불교를 공부하는 사람은 참선과 지혜를 함께 공부해야 한다는 정혜쌍수(定慧雙修)를 내세웠다. '정'은 선종에서 중요하게 생각한 참선이며, '혜'는 교종에서 중요하게 생각하는 경전으로, '쌍수'는 참선을 중심으로 수행을 하되 지혜를 닦기 위해서는 불교 경전 공부에도 힘써야 한다는 것이다. 바로 선종을 중심으로 교종을 통합하자는 정혜결사를 명종 20년(1190)에 결성한 것이다.

이처럼 고려 시대 전기에는 대각국사의 천태종과 무신정변 이후에는 보조국사의 조계종을 중심으로 불교를 통합하려는 운동이 일어났던 것이다.

❓ 알고 넘어가기

대각국사(大覺國師) 의천(義天)은 경제 전문가?

▶ **동전의 유통 등을 주장한 경제 전문가이다.**

의천은 불교뿐만 아니라 경제 문제에도 관심을 가졌다.
성종 15년(996)에 건원중보(乾元重寶)라는 철전을 만들어 사용하였으나, 자급자족 경제인 고려의 경제 구조상 널리 유통이 되지 못했다. 의천은 화폐 사용의 이로운 점으로 첫째 운반하기 쉬우며, 둘째 쌀이나 포목처럼 속임수를 부릴 수가 없고, 셋째 봉급을 돈으로 주면 지금까지 봉급으로 줄 곡식을 바치기에 시달리던 가난한 백성들의 고통을 덜어주며, 넷째로 곡식의 저축으로 흉년에 대비할 수 있다고 주장하였다.

그리하여 숙종 7년(1152)에 1만 5천 관의 해동통보(海東通寶)를 주조하였으나, 성종 때와 마찬가지로 국민들의 관심이 부족하여 결국 의천이 뜻한 대로 성과를 거두지는 못하였다. 의천은 당시에 분열, 대립하고 있는 불교계에 통합을 시도하면서 고려와 송의 불교 발전에 노력하다가 숙종 6년(1101)에 세상을 뜨고 말았다.

해동통보 [허가번호 : 중박 200906-231]

15. 신분 상승방법

→ 최충헌(崔忠獻)의 노비인 만적(萬積)을 비롯하여 공주의 망이 · 망소이, 전주 관노 등이 민란을 꾀하여 신분의 상승을 꾀했으나 실패하였다. 그러나 노비들도 큰 공을 세우거나 주인의 허락을 받은 경우에 신분 상승이 가능하였다.

신라 시대는 골품 제도(骨品制度)라는 엄격한 신분 제도가 있어 신분의 이동이 불가능하였다. 골품 제도라는 틀에 매여 있었기에 불만을 가진 6두품 세력은 당나라로 가거나, 반 신라적인 세력이 되어 후백제나 고려 건국의 중심 세력이 되었다.

하지만 고려는 신라에 비하여 좀 더 신분의 이동이 허용된 개방된 사회였다. 문벌 귀족 중심의 고려 전기는 신분의 이동이 자유롭지 못했다. 주로 음서 제도와 공음전(功蔭田)을 통해 자신들의 지위와 권리를 확실히 보장받은 문벌 귀족들은 그대로 세습이 되어 울타리를 넘기가 힘들었다.

그러나 이자겸(李資謙)의 난과 묘청(妙淸)의 서경 천도 운동을 계기로 무너지기 시작한 문벌 귀족사회는 무신정변을 계기로 새로운 지배 세력이 형성되었다. 특히 이의민(李義旼)이 천민 출신으로 최고 권력자가 되면서 농민이나 천민들 중에서 이의민을 동경하며 신분 상승을 꾀하게 되었다. 공주에서 망이와 망소이가, 전주에서는 관노들이, 청도(운문)에서는 김사미가, 초전(울산)에서는 효심이 각각 민란을 꾀하여 신분 해방 운동을 펼쳤다. 신분 해방 운동의 절정은 바로 최고 권력자인 만적이 일으킨 만적의 난이다.

《고려사》를 보면 '만적 등 여섯 명이 북산에서 나무를 하다가 공·사 노비를 불러 모아 모의하기를 "우리나라에서는 경인년(정중부의 난)과 계사년(김보당의 난) 이래로 천한 무리에서 높은 관직에 오르는 경우가 많이 일어났으니, 장군과 재상이 어찌 종자가 따로 있느냐?"라고 하니 모든 노비가 그렇게 여겼다. 누런 종이 수천 장을 잘라 모두 '정(丁)' 자를 새겨 표지로 삼고, "우리들이 흥국사 뜰에서부터 구정(毬庭)에 이르는 사이에 일시에 집결해 북치고 소리를 지르면 궁궐에 있는 환관이 호응할 것이다. 관노들은 안에서 숙청할 사람을 죽이고, 우리는 성 안에서 봉기하여 우선 최충헌 등을 죽인 후 각각 그 상전을 때려죽이고, 노비 문서를 불살라 삼한에 천인(賤人)을 없애자. 그러면 공경장상을 우리 모두 할 수 있을 것이다."라고 약속했다.

약속한 날이 되어 모두 모였으나 무리가 수백에 지나지 않았으므로, 일이 이루어지지 못할까 두려워하여 다시 보제사에 모이기로 약속하고 명령하기를 "일을 비밀히 하지 않으면 성공하지 못할 것이니 삼가하여 누설치 말라."고 하였다.

그러나 율학박사 한충유의 집안 노비인 순정이 이를 주인에게 몰래 일러바치니, 한충유가 최충헌에게 일러바쳤고, 최충헌은 만적 등 100여 명을 잡아 강에 던졌다. 한충유에게는 합문지후의 벼슬이 내리고, 순정에게는 백금 80냥을 주고 양인으로 삼았다. 남은 무리는 모두 죽일 수 없어 조서를 내려 불문에 부쳤다.' 라고 나와 있다.

이렇게 신분 해방을 주장하는 경우 대개 받아들여지지 않았다. 그러나 큰 공을 세우거나 주인의 허락을 받은 경우에 신분 상승이 가능하였다.

몽골의 3차 침입이 있을 때 처인부곡에서 승장 김윤후(金允侯)를 비롯한 백성들이 살리타(Salietai)를 살해하는 등 큰 공을 세웠다. 이에 처인부곡의 천민들은 처인현으로 고을이 승급되면서 천민에서 벗어나게 되었다. 《고려사절요》에도 천민의 신분 상승의 예가 보인다.

'고종 45년 2월에 최의가 솔거 노비인 이공주를 낭장으로 삼았다. 옛 법제에 노비는 비록 큰 공이 있다 하더라도 돈과 비단으로 상을 주었을 뿐 관작을 제수하지는 않게 되어 있다. 그런데 최항이 권력을 잡고 나서는 인심을 얻고자 처음으로 집안 노비인 이공주와 최양백, 김인준을 별장으로 삼고, 섭장구는 교위로 삼았다.'

또한 외거 노비 중에는 재산을 모아 양인의 신분을 얻는 사람도 있었다.

? 알고 넘어가기

고려의 신분 제도

고려의 신분제는 지배층인 귀족과 하급 관리, 피지배층인 양민과 천민 등으로 구분된다. 이 4개의 신분은 그 자손이 대대로 신분을 세습하였고, 신분 사이에 구별이 엄격하였다.
귀족은 왕족과 인주 이씨, 경주 김씨, 해주 최씨, 여흥 민씨 등 문벌이 좋은 일부의 가문으로 이루어졌다. 고려 시대에는 음서와 공음전의 혜택을 받는 5품 이상의 고관이 귀족이라고 할 수 있다. 고려 전기에는 문치주의로 다스렸으므로 문신이 우대받으면서 문신 중심으로 지배층을 이루었고, 무신은 극히 일부만이 지배 세력에 가담하였다. 지배 계급이면서도 양반 귀족에 들지 못하는 중인 계급의 하급 관리들이었다. 하급 관리는 중앙 행정 기관에서 행정 실무를 담당하는 6품 이하의 문반 관리와 무반의 하급 장교들을 가리킨다.

지방 행정의 실무를 담당한 향리도 중인 계급이었다. 이들 하급 관리는 정치권력을 장악한 귀족 양반에 대하여 행정 실무를 담당하는 사람들이었다.

양인은 주로 부, 목, 군, 현에 살면서 농업에 종사하는 농민층을 가리킨다. 그리고 농토가 없어 남의 땅을 소작하거나 품팔이를 하는 농민들도 있으니, 이들을 백정이라고 한다. 양인으로 상인과 수공업자가 있으나 농민보다 천시되었다.

천인 계급은 천민과 노비로 구성되었다. 천민은 특수 행정 구역인 향(鄕), 소(所), 부곡(部曲)에 사는 사람들로 일반 백성들에 비하여 천시되었다. 향과 부곡에 사는 천민은 농업에 종사하고 소의 주민은 수공업에 종사하였다.

교통 요지의 역과 숙박 시설인 관, 그리고 나루터에 설치된 진의 주민들도 모두 천민으로 취급되었다. 천민 중에서도 노비가 가장 천대받았는데 국가에 속하는 공노비와 개인에 속하는 사노비가 있었다. 공노비는 다시 궁중과 관청에 속한 공역 노비와 농경에 종사하는 외거 노비로 나눌 수 있었다.

사노비에는 귀족 등 개인이나 사원에 속하여 주인과 함께 사는 솔거 노비와 주인과 따로 살면서 농업에 종사하는 외거 노비가 있었다.

노비 외에 유기장이나 수렵 등의 천업에 종사하는 화척(禾尺)과 광대인 재인(才人) 등도 노비와 같이 천시되었다.

16. 무신정변 때의 집권자와 정치기구

→ 정중부(鄭仲夫)와 이의민(李義旼)은 중방(重房)을 중심으로, 경대승(慶大升)과 최충헌(崔忠獻)은 도방(都房)을 중심으로 전제정치를 하였다.

고려 중기의 혼란스러웠던 모습과 신분 상승을 노리는 많은 사람들이 서로 죽이기를 반복하였다. 결국 나라를 제대로 이끌지 못하여 원나라의 침입을 받아 30여 년 간에 걸쳐 민초들은 고통을 겪어야만 했으며,

결국에는 원나라의 부마국(임금의 사위를 부마라고 함)으로 속국이 되고 말았다. 나라를 이끄는 지도자의 역할에 따라 민초들의 운명까지도 결정된다고 할 수가 있다.

12세기에 들어와 이자겸의 난과 묘청의 서경 천도 운동으로 지배층 상호 간에 치열한 갈등이 나타났다. 치열한 싸움에도 불구하고 문신들의 정치적·사회적 권력 독점은 계속되었다. 이 때문에 하급 관리의 출세는 하늘의 별따기 만큼이나 어려워 그들의 활동 범위는 더욱 좁아졌다. 그들 중 가장 불만이 높았던 이들이 바로 무신들이었다. 의종(毅宗) 24년 (1170)에 일어난 무신정변은 이러한 정세를 배경으로 발생한 것이다.

무신정변은 무신에 대한 차별대우 때문에 일어났다. 고려 시대에 무신은 문신과 더불어 지배층을 형성하고 있었다. 무신은 문신과 법적으로 동등한 대우를 받게 되어 있었다. 그러나 현실에 있어서 무신은 문신에 비해 여러 가지로 차별대우를 받았다.

고려를 건국한 태조 왕건은 문치주의(文治主義)를 선택하였다. 문관 위주의 정책은 과거 제도에서도 무과를 실시하지 않았으며, 무반들에 대한 차별이 매우 심하였다. 무반들에 대한 차별은 무신들의 불만을 가져왔다. 무반들이 오를 수 있는 최고위 관직은 정3품인 상장군이며, 군인들을 지휘하는 군사 지휘권은 문신에게 주어졌다. 또한 북진 정책의 포기와 묘청의 서경 천도 운동을 김부식이 진압한 후에 무신들에 대한 천대는 더욱 심해졌다.

인종(仁宗) 때에는 무신들의 교육 기관인 무학재(武學齋)마저 없어지는 일이 벌어졌다. 무신은 승진에 있어서 제한을 받는 경우가 많았고, 같은 등급의 벼슬에서도 문신에 비하여 천대를 받았다. 심지어 군사 행정을 담당하는 병부의 판사나 상서는 모두 문신이 차지하였으며, 외적이 침입하여 이를 막고자 출전하는 군대의 우두머리인 원수(元帥)와 부원수(副元帥)까지도 문신이 맡았다. 그리고 북쪽의 오랑캐를 막겠다는 뜻에서 설치한 양계(兩界)의 장관인 병마사(兵馬使)도 문신이 차지하였으므로, 무신은 문신 정권을 지켜주는 일개 호위병에 불과했던 것이다.

문신들의 무신들에 대한 오만방자함은 의종(毅宗) 때에 절정을 이루었다. 무신의 큰 어른인 60세가 넘은 정중부(鄭仲夫)가 김부식(金富軾)의 아들인 30여 세의 김돈중(金敦中)에게 촛불로 수염을 그을리는 모욕을 당하기까지 하였던 것이다. 이렇게 고려 건국 이래로 정치 · 사회 · 경제적으로 차별대우를 받은 무신들은 이제 복수의 기회를 노리게 되었다.

무신정변 발생의 또 하나의 배경은 군인들의 불만을 들 수 있다. 군인들은 나라가 위기에 빠지거나 외적의 침입이 있을 때에는 동원되었고, 평소에는 각종 부역에 참가하였다. 그러나 봉급이 제때에 지급이 되지 않았기 때문에 그들 또한 무신란에 적극 협조를 하게 되었던 것이다.

무신정변은 의종 24년(1170) 8월 국왕의 보현원(普賢院) 행차를 계기로 일어났다. 보현원으로 가는 도중에 택견의 일종인 수박(手搏) 놀이를 시켰다. 대장군 이소응은 젊은 군사와 결투를 하다가 힘을 이기지 못하고 도망을 하였다. 그러자 문신인 한뢰가 도망가는 이소응의 뺨을 때렸다. 이것을 보고 평소에 당하던 차별과 분을 이기지 못하던 정중부, 이의방, 이고가 중심이 되어 순검군(巡檢軍)을 모아 왕을 따라온 문신들을 모두 죽였다. 그리고 개경으로 가서 '무릇 문신의 관(冠)을 쓴 자는 서리(胥吏)라도 씨를 남기지 말고 모조리 죽여라.' 라고 외치면서, 평소 무신들에게 오만했던 문신들을 닥치는 대로 죽였다. 다음 날 국왕은 거제도로, 태자는 진도로 내쫓았으며, 대신 왕의 동생인 익양후 호(晧)를 왕으로 삼았는데, 이가 명종(明宗)이다.

무신들은 정치권력을 장악하고 왕을 능가하는 권력을 휘둘렀다. 그러나 무신들의 힘에 굴복하지 않고 반발하는 문신들도 끊이질 않았다. 과거에 문신과 가까웠던 사람들이 중심이 되어 반무신(反武臣)의 깃발을 올렸다.

무신정변이 일어난 3년 뒤 1173년에, 동북면 병마사인 김보당(金甫當)이 무신을 토벌하고 의종을 다시 세우려고 군사를 일으켰다. 그러나 이 김보당의 난은 다음 달 안북도호부에서 그를 붙잡아 보냄으로써 진압되었다. 이 김보당의 난 후에는 지방에 있는 문신까지도 죽음을 당하게 되었고, 이제 지방 관직까지도 무신들이 장악하게 되었다.

무신들의 정권이 안정될 무렵에 다시 서경유수 조위총(趙位寵)이 정중부와 이의방 등의 토벌을 목적으로 군사를 일으켰다. 이 사건은 무인정권에 상당한 위협을 주었지만, 결국 실패하고 말았다.

무신들은 권력을 잡았지만 권력다툼이 치열했다. 이의방은 이고를, 정중부는 이의방을 죽이는 등 치열한 정권 다툼이 이어졌다. 정중부, 경대승, 이의민으로 이어진 권력다툼은 최충헌에 의해 마무리되었다. 최충헌은 자신의 정권을 지키기 위하여 피를 나눈 동생 최충수(崔忠粹)까지도 죽였다. 하루아침에 임금이 바뀌고 형제간에 피를 흘리는 싸움이 벌어지면서 백성들도 흔들리기 시작했다. 최충헌의 노비인 만적은 노비의 신분을 벗어던질 때가 왔음을 느꼈다. 일찍이 경대승의 도방 장사들과 사귀면서 민란을 꿈꾸던 만적이었다. 도방이 해산되자 만적은 개경의 노비들을 끌어 모아 비밀단체를 만들면서 때를 기다려온 것이다. '왕후장상(王侯將相)의 씨가 따로 있을쏘냐!' 하는 선동으로 민란을 일으켰다. 그러나 순정의 배신으로 이미 매복하고 있던 진압군에게 모두 죽임을 당하게 되었다.

최충헌에 대한 반감은 커졌고, 최충헌을 암살하려는 모의가 잇따랐다. 그때마다 최충헌은 정적들을 죽이고 귀양을 보냈다. 각지에서 일어난 민란도 무자비하게 진압했다. 정권이 안정되자, 최충헌은 인사 행정을 맡아보는 교정도감(敎定都監)과 사병집단인 도방을 거느리고 독재 정치를 하였다. 그는 23년간 두 왕(명종, 희종)을 폐위시키고, 4명의 왕(신종, 희종, 강종, 고종)을 새로 세우는 등 최고 권력을 누렸다.

그의 힘은 아들인 최우(崔瑀), 손자인 최항(崔沆), 증손자인 최의까지 60여 년에 걸쳐 이어졌다. 그러나 최의가 김준에 의해 죽음을 당하자 최씨 정권은 무너졌으며, 그 후 10년간 무신들 간의 권력다툼이 있었으나, 1270년 몽고와 힘을 합친 원종에 의해 무신들이 제거되면서 왕권이 회복되었다.

무신정변은 문벌귀족이 지배하던 체제가 끝나는 계기가 되었으며, 귀족 중심의 문화가 무너지는 한 원인이 되었다. 이 때문에 무신정변은 고려사에서 그 시기를 전기와 후기로 나누는 분기점이 되기도 한다.

17. 남녀 구별 없는 재산상속

→ 조선 시대 성리학의 도입으로 형제 · 자매간에 재산을 물려주는데 차이가 있었으나, 고려 시대까지는 재산을 물려주는 데에 있어 아들, 딸의 구별이 없었다.

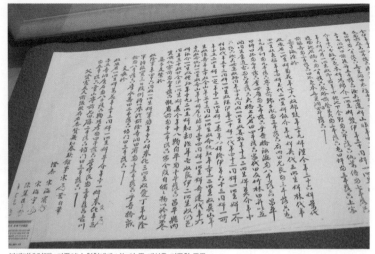
분재기(分財記)-가족이나 친척에게 나누어 줄 재산을 기록한 목록

상속은 할아버지나 아버지 등 일정한 친족 관계에 있는 사람 사이에서 한쪽이 사망하거나 호주가 호주권을 잃은 때, 다른 쪽이 호주권 또는 재산적 권리·의무의 모두를 대를 이어 물려받는 일로 역사적 발전에 따라 그 모습이 달라졌다.

오늘날의 상속분은 호적에 함께 있느냐, 없느냐에 따라 차이를 두고 있다. 즉 같은 호적에 없는 여자의 경우(혼인 등의 경우) 상속분은 남자의 상속분 4분의 1에 불과하다. 그러나 현재의 상속법이 나오기 이전까지는 큰 아들과 나머지의 형제·자매간에 차이가 있으니, 아마 조선 시대에 성리학이 도입되면서 남자 중심의 사고방식에 의하여 나타난 결과라 할 수 있다.

그러므로 조선 이전, 즉 고려 시대까지는 재산을 물려주는 데에 있어 아들·딸의 구별이 없이 똑같이 물려주는 것이 일반적인 풍습이었다. 《고려사(高麗史)》〈손변전〉을 보면 '손변이 한 남매의 재산상속에 관해 재판을 하게 되었다. 먼저 누이가 원님에게 말했다.

"아버지가 돌아가실 때 재산 전부를 나에게 주었으며 아우에게 준 것은 검정 옷 한 벌, 미투리 한 켤레, 종이 한 권뿐입니다."

이에 고을 수령이 남매에게 물었다.

"부모님이 돌아가셨을 때 너희 남매의 나이가 몇인가?"

남매의 대답을 들은 원님이 다시 말했다.

"부모의 마음은 어느 자식에게나 같은 법이다. 어찌 장성해서 출가한 딸에게만 후하고 어미도 없는 미성년 아이에게는 박하게 했겠는가? 생각해 보니 너희 아버지는 아들이 의지할 곳은 누이밖에 없는데 재산을 나누어 준다면 혹시 누이의 사랑과 양육이 부족할까 염려했던 것 같다. 아이가 장성해서 분쟁이 생기면 이 종이에 소(訴)를 쓰고 검정 옷과 검정 갓, 미투리를 착용하고 관에 고소하면 이를 잘 분간해 줄 관원이 있을 것으로 생각해서 이 네 가지 물건만을 남겨 주었을 것이다."

이에 누이와 동생이 그 말을 듣고 비로소 깨달았다. 원님은 남매에게 재산을 똑같이 반으로 나누게 했다. 아들도 아닌 딸에게 모든 재산을 물려주어 문제가 일어난 이 사건은 재판관인 손변의 명판결로 끝났는데, 당시 고려사회의 가족 구조를 엿볼 수 있다.

《고려사》〈나유전〉을 보면 '어머니가 일찍이 재산을 나누어 줄 때 나익희에게는 따로 노비 40명을 남겨 주었다. 나익희는 "제가 6남매 가운데 외아들이라 해서 어찌 사소한 것을 더 차지하여 여러 자녀들을 화목

하게 살게 하려 한 어머니의 거룩한 뜻을 더럽히겠습니까?"고 말하자 어머니가 옳게 여기고 그 말을 따랐다.' 고 나와 있으니, 노비도 재산으로 분배의 대상이며, 똑같이 나누는 것이 일반적이었음을 알 수 있다.

18. 세계 최초의 대학

→ 세계 최초의 대학은 고려 시대에 세워진 국자감(國子監)이다.

우리나라의 발전에 있어 국민들의 교육열이 가장 큰 역할을 했다고 해도 과언이 아닐 것이다. 우리나라 사람들의 교육열은 세계에서도 알아줄 정도이다. 특히 대학에 가고자 하는 마음은 모든 사람들의 꿈이기에 가장 치열한 입시 시험을 치르고 있다. 이러한 대학이 어느 나라에서 가장 먼저 세워졌을까?

많은 사람들은 최초의 대학이 중세 말기 유럽에서 세워졌다고 생각할 것이다. 이탈리아의 살레르노 대학(의학)과 볼로냐 대학(법학), 프랑스의 파리 대학은 1100년대에 세워졌다고 한다. 처음에는 신학자가 교육을 담당하여, 유명한 신학자를 찾아서 학생들이 모여들어 대학이 시작되었다.

그러나 최초의 대학은 실질적으로 우리나라에서 생겼다. 우리나라에서 학교 교육이 시작된 것은 고구려 시대부터이다. 소수림왕(小獸林王) 2년(372년)에 태학(太學)을 세우면서부터이다. 그 후 서울을 평양으로 옮긴 후에는 경당(扃堂)이라는 학교를 지방마다 세워 교육을 시켰으니, 우리나라 교육의 역사를 짐작할 수 있다. 고구려뿐만 아니라 백제나 신

라에서도 교육에 힘을
기울였다. 백제는 학문
이 높은 사람들에게 '박
사'라는 칭호를 주어 교
육을 담당하게 했으며,
신라에서는 '화랑도'라
는 청소년 교육 단체가
있어 교육을 담당하게
했다.

성균관 명륜당 현판

  신라가 통일을 한 후에 신문왕(神文王)은 국학(國學)을 세워 교육을 시켰
으며, 발해에서는 주자감(冑子監)을 세워 교육을 하였다. 이때까지의 교육
은 오늘날의 대학처럼 학사·석사·박사 등의 학위를 주었는지, 그리고
공부하는 분야를 전문적으로 나누었는지에 대한 기록이 없어 오늘날의
대학과 다소의 차이가 있다고 할 수도 있다. 그러나 고려 시대에 와서 우
리나라에 세워진 대학은 본격적으로 공부하는 분야를 세분화하였다. 즉
성종 12년(992년)에 세워진 국자감은 국자학(國子學), 태학(太學), 사문학
(四門學), 잡학(雜學) 등 6개의 단과대학을 두면서 1,100여 명에 이르는 학
생들을 가르쳤다. 특히 잡학에서는 법학·산학·외국어·천문학 등 기술
학을 가르쳤다. 서양의 대학에서 신학이나 법학 등 특정 과목과 100여 명
의 학생을 가르치는 것보다 훨씬 앞선 종합대학이라고 할 수 있다.

  그러므로 세계 최초의 대학은 우리나라의 국자감이라고 할 수 있으
며, 국자감은 조선 시대에 성균관으로 이어졌다. 국자감과 달리 성균관
에서는 기술학을 교육하지 않았다. 성리학에서 불교와 기술학 등을 배

성균관 명륜당 전경

척하고 천시하였기 때문이다.

지금은 우리나라의 대학이 세계적인 대학으로 위상을 떨치지는 못하지만, 이러한 오랜 역사를 자랑하는 나라라면 꼭 세계 최고의 대학으로 거듭나야 할 것이다.

19. 상업의 발달—송상(松商)

→ 고려 시대에는 국제 무역이 매우 활발했다. 고려 말기에 원나라의 위세를 타고 세계 각지의 상인들이 개성에 들어왔으며, 고려 상인들도 중국, 일본, 아라비아 등 세계 각지에 진출했다.

개성 사람들은 고려, 조선 시대를 통하여 커다란 세력권을 이룰 정도로 상인들이 많았다. 그 이유를 밝혀 보자면 고려 건국 때로 거슬러 올라가야 하는데, 태조 왕건(王建)이 송악(松嶽, 오늘날의 개성) 지방에서 일어난 신흥 호족의 후예라는 점을 주목해야 할 것이다. 그의 조상은 대대로 당나라와 무역을 해서 부(富)를 축적함과 아울러 막강한 해상 세력을 이루었다. 이 해상 세력은 송악을 중심으로 황해도 일부와 강화도 및 한강 하류 일대에서 기세를 떨쳤다. 개경의 해상 세력은 왕건이 나라를 세우는데 커다란 힘이 되었을 뿐만 아니라 고려가 송나라, 아라비아의 다지국(大食國) 및 왜(倭)와 무역을 하는 데도 크게 기여했다.

이 당시 제일의 국제 무역항은 예성강 입구의 벽란도(碧瀾渡)이다. 자연히 이곳에서 그리 멀지 않은 송악도 벽란도와 함께 번창하게 되었다. 외국 사신과 상인들의 빈번한 왕래에 의해 공무역(公貿易, 국가에서 공식적으로 행하는 무역)은 물론 사무역(私貿易, 개인이 국가의 허가 없이 하는 밀무역)도 번창해 송악은 상업 도시로서의 면모를 갖추어 나갔다. 또한 개국 초부터 설치한 시전은 국내 상거래뿐만 아니라 외국과의 교역도 활발히 했다. 일찍부터 고도의 상술을 터득한 개성상인들이 이러한 상업 활동의 주역을 담당한 것은 당연한 일이라 하겠다.

개성 시전(市廛)은 조선 왕조가 도읍을 한양으로 옮긴 후에도 몇 차례 어려운 고비를 넘겼는데 흰전(廛, 옷의 장식물을 파는 상점), 백목전(白木廛, 무명을 팔던 시전), 청포전(靑布廛, 조선뿐만 아니라 주로 중국 등 외국의 화포(花布)와 홍포, 솜털로 만든 옷·담요·털모자 등 전(氈)을 전문으로 거래하였으며, 그 외 중침·세침 등 바늘과 고약·사탕 등도 거래), 어과전(魚果廛, 생선과 과일을 거래)의 4대전과 일반 시전이 서울의 육의전 등에 맞서며 꾸준히 발전을 거듭했다. 이들은 피혁·지물 등 물건을 사서 중국에 직접 수출하고, 중국에서는 바늘·모자·말총·채련피(采蓮皮, 당나귀 가죽)·백삼승(白三升, 흰 무명)·궤자(가마테) 등을 수입하였다. 이들이 수입한 물건들은 양반 지배층뿐만 아니라 일반 서민들도 즐겨 사용하였다.

이 당시 개성상인들 중에는 고려 왕조의 사대부 계층을 비롯하여 지식인 출신들이 있었다. 이들은 조선 왕조로부터 소외당한 아픔을 상업의 합리적 경영이나 상술 개발 등에 쏟아 부었는데, 이미 이탈리아의 복식 부기보다 2~3백 년이 앞섰다는 회계장부 작성법인 '송도사개부기(松都四介簿記)'를 사용할 정도로 발달했다. 또한 소유와 경영을 분리한 '차인(差人) 제도'도 실시하였다. 젊은이를 데려와 일을 시킨 뒤 능숙해지면 내보내는 '도제식(徒弟式)' 경영 방식은 요즘의 분사(分社)식 경영 방식이다. 그리고 보증인만 내세우면 대출인의 신용도에 따라 금리를 차등 적용해 대출하는 '시변제(時邊制)'까지 실시하였다.

고려 시대 무역의 전성기를 보낸 개성상인들은, 조선 시대에 와서는 공무역을 중심으로 한 대외 교역으로 큰 타격을 받기는 했으나 전국 상업계를 연결하는 행상 조직으로 이를 극복해 나갔다. 이들은 조선 초기부터 그들의 상업 기반을 확고히 다져나가는 한편, 근면과 성실, 높은 지식으로 자신들 고유의 장사 수완을 발휘해 서울상인들과 쌍벽을 이루었다.

조선 중기 이후 상품과 화폐 경제의 발달에 따라 개성은 전국 제일의 상업 도시로 발전했다. 그리고 지방에 객주(客主), 여각(旅閣)이 생기면서 상권을 전국적으로 확대하고 조직화하여 '송방(松房)'이라는 지점을 전국 주요 상업 중심지에 설치했다.

'송방' 또는 '개성상인'이라는 특수한 명칭은 이때부터 전국적으로 알려졌다. 특히 송방은 전국의 포목 상권을 장악하고 있어서 이들에 의해 포목 가격이 오르내릴 정도였다고 한다. 이들은 도고(都賈, 물건을 혼자 맡아서 파는 일)로 독점 상업을 함으로써 상업 자본을 축적할 수 있었다.

18세기에 이르러 개성상인은 중국 사신 일행으로 몰래 들어가 청나라 상인들과 은, 인삼 등을 교역하는 밀무역도 하였다. 개성상인은 삼포(蔘圃)에서 인삼을 재배하기 이전부터 자연삼을 사서 이를 일본에 수출하고, 은을 들여와 다시 중국에 수출하는 방법으로 큰 이익을 얻기도 했다. 개성상인은 이렇게 축적한 자본으로 인삼 재배와 가공업, 광산 등에 투자했다.

그러나 개성상인은 다른 어느 것보다도 나라에서 금지한 홍삼을 비밀리에 만드는 것과 밀무역을 통해 많은 돈을 축적할 수 있었다. 나라에서 단속을 강화했지만 이들은 관리의 눈을 피해 선박으로 밀수출을 했으며, 이를 위하여 다른 지방에 홍삼 제조장을 두기까지 하였다. 이렇게 축적한 자본은 국내 최대의 토착 민간 자본으로 성장해 개항 후 외국 자본의 침입에 대항하는 가장 강한 민간 자본으로 대두했다. 일제의 감시와 탄압 속에서도 철저한 상인 정신과 장사 수완, 부지런함으로써 경제적 침략에 대항하여 끝내는 그들을 개성에 얼씬도 못하게 하였다. 너무 철저하다 보니 '깍쟁이'라는 말까지 듣기도 했지만, 개성상인이야말로 우리나라 상업을 높은 수준으로 발전시킨 주역인 셈이다.

! 고려 시대 수공업과 상업의 발달		
	수공업	**상업**
고려 전기	관영 수공업 (공장 안)	개경 (시전, 경시서—시전 감독 등 불법상행위 단속)
	민영 수공업 (소규모, 공물로 납부)	대도시 (서경, 동경)에 관영 상점 설치
고려 후기	사원 수공업 (고품질 상품)	벽란도 등 무역 발달
	민영 수공업 (농촌)	시전 규모 확대, 전매제 실시 (소금)

조선 시대의 대표적인 상인

▶ 한강을 중심으로 활동한 경강상인(京江商人), 동래를 중심으로 활동한 내상(萊商), 의주를 중심으로 활동한 만상(灣商)이 있었다.

경강상인(京江商人, = 江商)

조선 후기 한강변을 중심으로 나라의 세곡(稅穀)과 양반 지주층의 소작료를 운반하던 상인으로 강상(江商)이라고도 한다. 경강상인은 조선 초기에는 나라의 세곡을 운반해 오다가, 17세기 이후 상품·화폐 경제의 발전과 함께 주요 상품으로 등장한 곡물을 이용한 곡물도매상으로 발전하였다. 숙종 28년(1702)에 강상은 1,000~2,300석을 실을 수 있는 배를 300여 척이나 가졌고, 1년 동안 받는 운임인 선가(船價)가 1만여 석의 비교적 큰 규모의 자본을 가진 사상(私商)으로 성장하여, 특권상인인 시전상인과 경쟁하였다.

경강상인은 곡물을 운반하는 수입보다는 여러 부정한 방법을 이용하여 자본을 축적하였다. 이들의 부정행위로는, 곡물에 물을 타서 붙게 하여 운반하면서 횡령하는 화수(和水)가 있으며, 운반 곡식의 일부 또는 전부를 가지는 투식(偸食), 곡식을 빼돌린 후 운반하던 배를 고의로 침몰시키는 고패(故敗) 등의 방법이 있었다.

나라에서는 경강상인의 부정을 막기 위하여 1789년에는 주교사(舟橋司)를 설치하여 조운(漕運)의 감독을 강화했지만 효과는 미미하였다. 이러한 부정행위를 나라에서 단속할 수 없었던 것은 첫째는 강상이 나라와 대등한 위치에 있었으며, 둘째는 양반 지주들의 소작료를 운반하는 강상을 자극하면 운반이 곤란해졌으며, 셋째는 나라에서 조운선을 마련하기가 어려웠기 때문이다.

경강상인은 축적된 자본을 바탕으로 삼남지방과 황해도 등지의 곡물을 사들여 도고상인으로 성장하였다. 이들은 서울의 쌀시장을 지배했으며, 축적된 자본으로 선박 건조에 나서기도 하였다. 그리고 OEM방식에 의한 생산자를 지배하는 세력으로 성장하여 봉건적인 상업 체계에서 근대적인 체계로 발전하였음을 뜻한다.

내상(萊商, =南商)

조선 시대에 일본과의 무역을 하기 위해 동래부 부산포에 설치했던 왜관(倭館)에서 대일무역에 종사하던 상인으로 남상(南商)이라고도 하였다. 내상은 동래부에서 허가를 받아 왜관무역에 종사했으며, 정원은 20명이었는데, 숙종 17년(1691)에 30명으로 늘었다. 내상은 조선 후기에 상공업이 발달하면서 국제 무역이 증대함에 따라 개성상인과 연결하여 본격적인 무역에 나섰다. 이들은 중국·일본을 연결하는 무역에 종사하여 주로 인삼을 일본에 수출하고, 그 대금으로 받은 은을 중국에 수출했다. 내상의 활약으로 동래는 대일무역의 중심지로서, 동남해안을 연결하는 경상도 지역의 중심 포구가 되었다. 그리하여 감영 소재지인 전주와 다를 바 없다고 할 정도로 상업의 중심지가 되었다.

만상(灣商)

조선 후기 압록강 부근의 의주 지방에서 대 중국 무역활동을 하였던 의주상인을 가리킨다. 의주의 옛 이름이 용만이었기에 만상이라고 하였다.

조선 시대는 공무역인 개시무역과 사무역인 후시무역으로 이루어졌다. 그 중에서 사무역은 밀무역 형태로 이루어졌다. 주로 사신을 따라가 책문에서 거래를 하였는데, 송상과 함께 은과 인삼을 중국 상인과 거래하였다. 그리하여 우리나라 상품을 주로 송상으로부터 공급받아 중국에 팔았으며, 중국에서 수입하는 상품을 송상에게 넘겨주어 국내에 팔게 하였다. 이러한 상업 활동을 바탕으로 만상은 조선의 상업 발전에 주도적역할을 담당하였으나, 일본의 침략을 받으면서 일본인 거류지와 개항장 중심의 무역이 이루어지면서 점차 쇠퇴하였다.

이밖에 평양상인을 유상이라고 불렀는데, 평양에 버드나무가 많다고 하여 유경이라고 부른데서 나온 명칭이다.

20. 부패한 불교

→ 국가적으로 불교를 장려한 고려는 절에 많은 특권을 주었으니, 그 중 하나가 술을 만들어 팔 수 있는 양조권(釀造權)이었다. 그러나 절에서의 상행위는 많은 부작용을 가져왔다. 이밖에 고리대금업에도 손을 대는 등 불교계의 타락은 더욱 늘어났다.

태조 왕건이 고려를 건국하였지만, 많은 호족들을 제압하는 것이 큰 문제였다. 이들 호족은 지방에 위치한 사찰과 협력 관계였다.

왕건은 호족의 힘을 약화시키는 한편으로 불교를 통해 흐트러진 민심을 하나로 통합시키는 수단으로 불교를 장려하는 정책을 펴나갔다.

신라 말기의 혼란한 사회는 절에도 많은 영향을 미쳤다. 그 중에 가장

대표적인 것이 재정 문제였다. 태조 왕건은 호족과 협력하는 사찰을 자신의 편으로 끌어들이면서 재정적인 문제를 해결해 주기 위하여 술을 만들어 팔 수 있는 양조권(釀造權)을 주었던 것이다. 절에서는 이익을 위하여 특색 있는 술을 개발하는 데 힘을 기울였다. 그 결과 절을 대표하는 술이 나왔다. 이 술이 조선 시대에 불교를 억압하는 정책에 따라 절에 불공을 드리러 다니던 부녀자들에게 전해져 종갓집마다 전통주로 남게 되었던 것이다.

그러나 고려 시대에 절에 주었던 양조권은 절에 재정적인 안정을 가져다주면서 오히려 타락의 길로 빠지게 되었다. 양조권 뿐만 아니라 고리대금업에도 손을 댔던 것이다.

《고려사》를 보면 '지금 부역을 피하려는 무리들이 부처의 이름을 걸고 돈놀이를 하거나 농사와 축산을 직업으로 삼고 장사를 하는 것이 보통이 되었다. …… (중략) …… 어깨에 걸치는 가사(袈裟)는 술 항아리 덮개가 되고, 범패를 부르는 장소는 파, 마늘밭이 되었다. 장사꾼과 통하여 사고 팔기도 하며, 손님과 어울려 술을 먹고 노래를 불러 절간이 떠들썩하다.'고 적고 있다.

《고려사절요》에도 '승려들이 심부름꾼을 시켜 절의 돈과 곡식을 각 주군에 높은 이자를 받고 빌려주어 백성을 괴롭히고 있다.'고 표현하였다.

이러한 불교의 타락은 고려 멸망의 한 원인이 되었으며, 성리학을 공부한 신진사대부들의 눈에 부정적으로 비쳐져 조선 시대에 와서 불교를 억압하게 되었다.

21. 인쇄술의 발달

→ 최초의 목판 인쇄본은 1966년에 불국사 3층 석탑(석가탑)에서 발견된 〈무구정광대다라니경(無垢淨光大陀羅尼經)〉이다. 최초의 금속 활자본은 1234년에 만들어진 〈상정고금예문(詳定古今禮文)〉이나 전하지 않으며, 현존하는 최고의 금속 활자본은 〈직지심체요절(直指心體要節)〉이다.

인쇄술이 발명되기 이전에는 책을 손으로 베껴 쓰는 필사본(筆寫本)이 있었는데, 이는 두루마리 형태로 되어 있었다. 이러한 필사본만으로 수요를 충당하기 어렵게 되자 우리 조상은 목판 인쇄술을 발명했다. 최초의 목판 인쇄본은 1966년에 불국사 3층 석탑(석가탑)에서 발견된 〈무구정광대다라니경(無垢淨光大陀羅尼經)〉이다.

고려 시대에는 인쇄술이 더욱 발전했다. 불교의 힘을 빌려 거란의 침입을 막으려고 간행했던 〈초조대장경(初雕大藏經)〉을 비롯하여 의천의 〈속장경(續藏經)〉과 역시 몽골의 침입을 불교의 힘으로 막으려고 간행한 〈팔만대장경(八萬大藏經)〉을 통해 알 수 있다.

더욱이 이러한 목판 인쇄술뿐만 아니라 금속 활자 기술도 개발되었다. 1234년에서 1241년 사이에 간행된 것으로 추측되는 〈상정고금예문〉이

해인사의 팔만대장경을 보관하는 장경판 전외부

세계 최초의 금속 활자본인데, 아쉽게도 현재 전해지지 않고 있다.

고려 우왕 3년(1377)에는 청주목 흥덕사(興德寺)의 여러 문헌에서 선(禪)의 깨달음에 관한 내용을 뽑아 《직지심체요절(直指心體要節)》이라는 책을 간행했다. 현재 이 책의 하권이 프랑스 국립도서관에 소장되어 있는데, 내용면에서도 귀중한 문헌이지만 세계 최고(最古)의 금속 활자본으로 더욱 유명하다. 1972년 파리에서 열린 세계 도서의 해 기념 전시회에 출품되어 세계 최초의 금속 활자본으로 공인받았다.

그 뒤 조선 시대에 와서는 인쇄 사업을 국책 사업으로 중시하여 고려 시대에 설치되었던 서적포(書籍鋪)를 1393년에 새로이 서적원(書籍院)이란 이름으로 부활시켰다. 게다가 세종 때에는 많은 책을 간행하면서 금속 활자를 계미자(癸未字)와 갑인자(甲寅字)로 개량하였다.

갑인자 활자

갑인자본

22. 삼별초의 대몽 항쟁

→ 삼별초(三別抄)가 여·몽 연합군에 쫓기어 강화도→진도→제주도로 옮기면서 진도에 말을 몰기 위해 진돗개를 키우기 시작했다.

고종 12년(1225)에 몽골의 사신인 저고여가 고려에 왔다가 귀국하던 중 피살되는 사건이 일어나자, 몽골에서는 고려의 소행이라고 하여 고려를 침범하는 계기가 되었다.

고종 18년(1231)에 몽골이 침입해 온 것을 시작으로 40년에 걸쳐 6차례의 침입이 있었다. 당시 고려는 박서(朴犀)를 중심으로 한 관군이 귀주성에서 몽골군에 맞서 끝까지 싸웠으며, 백성들도 대몽 항쟁에 나섰다.

충주 지방에서는 몽골군이 침입하자 관리들은 도망하기에 급급했으나 관노비들이 싸워 성을 지켜냈다. 이때 정부에 반기를 들었던 초적(草賊)들도 대몽 항쟁에 나서기도 하였다.

최씨 정권은 백성들에게 성이나 산속으로 가서 대몽 항전을 하도록 하고 도읍을 개경에서 강화도로 옮겼다.

몽골의 침입으로 인한 피해는 너무나 컸다. 《고려사》에 의하면 '몽골에 사로잡힌 남녀가 무려 206,800여 명이며, 죽음을 당한 사람은 그 수를 헤아릴 수 없다.' 고 적고 있다.

몽골의 침입이 소강상태에 빠질 때 최씨 무신 정권의 마지막 집정자인 최의가 피살되어 최씨 정권이 무너졌다. 국제 정세에 어두운 원종(元宗)은 무신 세력들의 반대를 무릅쓰고 몽골과 강화하고 개경으로 환도하였다.

무신 정권의 군사적 기반인 삼별초는 개경 환도에 반대하면서 관리들의 가족을 인질로 삼고 대몽 항전에 나섰다.

원래 삼별초(三別抄)는 최우(崔瑀)가 밤에 경비를 위해 설치한 야별초(夜別抄)가 확대되어 좌별초(左別抄), 우별초(右別抄), 그리고 몽골의 포로가 되었다가 탈출한 군사들로 조직된 신의군(神義軍)을 말한다.

원종 11년(1270) 6월 1일에 배중손(裵仲孫)의 지휘 아래 강화도에 정부를 세우고 기세 좋게 출발하였으나, 전쟁에 지친 백성들의 이탈로 군세가 줄어들었다. 이에 배중손은 강화도에서 진도로 근거지를 옮겨 해상왕국을 건설하였다. 진도는 화원 반도와의 사이가 좁아 개경으로 세곡을 싣고 가는 조운선을 탈취하여 고려 정부의 재정을 어렵게 하기도 하였다. 더불어 불안이 점점 더해진 몽골의 재촉으로 고려군과 몽골 연합군이 결성되어 삼별초 토벌작전이 전개되었다.

군사의 숫자와 무기에서 떨어진 삼별초는 고려군과 몽골 연합군에게 패배하고, 김통정(金通精)의 지도로 제주도로 본거지를 옮겼다.

김통정의 격려로 군사들은 안팎으로 성을 쌓고 해안에도 긴 성을 쌓아 방비를 튼튼히 한 후에 고려군과 몽고군의 기습에 대비하였다. 고려

진도 남도석성

정부는 삼별초를 회유하려고 하였다.

그러나 김통정은 몽고의 회유책이 자신들을 속이는 것이라는 것을 알고 거부하였다.

고려 정부는 이 기회에 삼별초를 완전히 없애겠다고 제주도에 대한 총공격을 벌였다. 원종 14년(1273) 4월에 1만여 명의 고려군과 몽골군은 160여 척의 배를 나눠 타고 제주도에 상륙하여 진도에서와 같이 기습 공격을 하였다. 진도에서 삼별초와 싸운 경험이 있는 김방경(金方慶)을 총사령관으로 하였기에 삼별초와의 싸움에는 익숙해져 있었다.

순식간에 제주도는 핏빛이 되었다. 삼별초는 고려군과 몽고군에 맞서서 끝까지 싸웠으나 수적으로나 장비면에서 뒤떨어져 후퇴할 수밖에 없었다. 김통정은 70여 명을 이끌고 한라산으로 후퇴하였으나 이미 싸움이 기울었음을 알고 자신을 따르는 부하들에게 각자 살길을 찾으라는 말을 남기고 자결하였다.

이렇게 하여 삼별초는 1270년 6월 몽고에 대항한 싸움을 선언한 이후 만 4년 동안 치열한 싸움을 벌이다가 1273년 4월에 최후를 맞게 되었던 것이다.

삼별초의 대몽 항쟁은 고려 사람들의 자주성 표현이라고 할 수 있다.

고려 시대 때 몽골이 제주도에 탐라총관부를 설치한 후 오늘날의 조랑말을 기른 데서 유래되었듯이, 진돗개도 몽고에 끝까지 화해를 반대하며 투쟁한 삼별초가 강화도와 진도에서 대항하여 싸우다가 결국 제주도에서 여·몽 연합군에 의해 패하면서 제주도와 진도가 말을 기르는 목장으로 바뀌어 이를 지키며 보호하기 위한 목견(牧犬)으로 몽골개를 들여온 것이 진돗개가 되었다고 한다. 또 다른 설로는 삼국 시대에 남송(南宋)의 무역선이 진도 근해에서 조난을 당하였을 때 유입되었다는 설이 있다.

23. 몽고풍

→ 고려 때 원나라의 지배를 받으면서부터 몽골의 풍습이 고려에 유행하였다. 일찍 결혼하는 풍습부터 변발 등 많은 풍습이 생겨났으며, 조혼 등은 조선 시대에도 쉽게 사라지지 않았다.

옛날에는 남자나 여자나 10세 이전에 결혼하는 경우가 많았다. 이것을 흔히 조혼(早婚)이라고 한다.

우리나라의 조혼 풍습은 고구려의 데릴사위 제도와 옥저(沃沮)의 민며느리 제도에서 비롯되었다. 데릴사위 제도는 예서제(豫壻制)라고도 하며 일종의 처가살이를 말한다. 이것은 남녀가 10세가 되지 않았을 때, 남자를 부인이 될 처갓집 근처에 허름한 집을 지어 머물게 하면서 약속한 기간 동안 노동력을 제공하는 제도로 부계사회라기보다는 모계사회 쪽이 가까운 시대였다.(혹은 유목민족이라고 할 수 있는 고구려에서 여자가 부족하였기 때문이라고 주장하고 그 예로 형이 사망하면 형수를 부양하는 형사취수(兄死取嫂) 제도를 들고 있다.)

민며느리 제도는 장래에 며느리로 삼을 어린 계집아이를 데려다가 키우는 것으로, 8~9세가 되면 신랑집에서 데려다가 길렀다고 한다.

이 두 가지 제도는 조혼 풍습의 먼 원인이 될 것이다.

이러한 조혼 풍습을 더욱 부채질한 것은 고려 시대에 와서 원(元)에 의해 우리가 지배를 받게 되면서부터이다. 고려에서는 원래 원을 건국한 민족은 야만인으로 생각을 하였는데 이들에게 한 해에 500명에서 1,000명에 이르는 여자를 바쳐야 했고, 이러한 여자들은 몽고족의 남자와 결혼을 하게 되었다. 하지만 야만인인 몽고족과 누가 결혼을 하려고 했을까?

그러다 보니 초기에는 고위층과 귀족사회는 빼고 승려의 딸, 역적의 처, 일반 여염의 과부들을 본인의 의사에 관계없이 끌어다 보냈다. 그러나 이러한 여자들은 대개는 얼굴을 가꾸지 않아 몽고에서 싫어하였고, 나아가 원 세조(쿠빌라이)는 미녀와 중류계급 이상의 처녀를 보낼 것을 강력히 요구하면서 사신까지 보내어 미녀를 뽑았으며, 고려왕이 직접 나서기도 했다고 한다. 이런 경우가 일 년에 두 번이나 2년에 한 번씩 약 50여 회에 걸쳐 매회 400~500명씩 공녀(貢女)로 바쳤던 것이다.

이에 고려인들은 딸의 나이 8~9세가 되면 원나라에 딸을 뺏기기보다는 짝지을 남자를 물색하여 결혼을 시키고, 큰머리를 얹어 어른들 밑에서 살림을 가르침으로써 공녀 선출을 면하게 하였던 것이다.

이렇게 이루어진 조혼 풍습은 조선 시대에 들어오면서 자녀의 결혼을 앞두고 죽게 되면 부모의 할 도리를 못한다 해서 자녀의 혼인을 서둘렀고, 한편으로는 자녀를 일찍 결혼시켜 며느리 손에 밥상을 받는 것을 행복으로 생각하는데서 조혼의 풍습은 쉽사리 고쳐지지 않았다.

조혼은 몽골의 영향으로 생긴 풍속이지만 우리나라가 몽골의 부마국(駙馬國)이 되면서 우리 민족의 정기를 단절시키기 위해 왕은 의무적으로 원나라 왕녀에게 장가들도록 하였고, 그러다 보니 시간이 흐를수록 원나라의 피가 더 많이 섞이게 되었다. 이리하여 충렬왕(忠烈王)에서 공민왕(恭愍王)까지 7명의 원나라 왕녀가 고려 왕궁으로 시집을 왔고, 그들은 '겁련구(怯憐口)' 라 하여 자국의 하인들을 많이 데리고 왔다. 그러는 동안 자연스럽게 몽골의 언어와 풍속이 따라 들어와 궁중과 상류사회에 적지 않은 영향을 끼치게 되었다.

수라(水剌)

임금의 진지를 가리키는 '수라' 는 몽골 어의 '술런' 에서 온 것으로 본다.

원나라의 지배를 받던 고려 때, 태자들이 원나라에 볼모로 잡혀갔다가 돌아와서 왕위에 올랐는데 이때 들어온 것으로 보인다. '水剌' 는 '수라' 를 한자식으로 표기한 것일 뿐, 별다른 뜻은 없었다.

족두리

족두리라는 말은 고려 때 원나라에서 왕비에게 준 고고리(古古里)가 와전된 것으로 추정된다. 이 족두리가 사용되기 시작한 것은 원나라와의 혼인이 많았던 고려 시대 후기로 볼 수 있다. 몽골에서 족두리는 기혼녀가 나들이할 때 쓰는 모자였다.

고려 시대의 족두리는 조선 시대의 것보다 모양이 크고, 높이도 높았던 것으로 추측된다. 조선 시대에 와서는 그 양식이 점점 작아지고 위와 아래가 거의 밋밋하게 비슷해졌다. 영·정조 시대에는 가체(加髢)를 금지하면서 족두리의 사용을 장려했다.

곤지곤지

연지는 볼과 입술을 붉은 색조로 치장하는 화장품을 이르는 말이다. 이마에 둥그렇게 치레하는 것을 곤지라고 하는데 이것 역시 연지를 사용한다.

우리나라 사람들이 언제부터 연지를 치레에 이용했는지 확실하지 않으나, 평안남도 용강군에 전해오는 쌍영총 고분 연도(羡道, 현실로 들어가는 터널) 동쪽 벽에 우차와 말을 탄 군사 및 남녀 입상에 그려져 있는 것으로 보아 북방 민족의 공통된 풍속이 아닌가 추측된다. 몽골의 침략기에 본격적으로 사용되었으며, 가끔 아기의 재롱거리로 "곤지곤지" 하며 손가락 끝으로 볼을 찌르는 모습을 볼 수 있는데, 이것은 예뻐 보이라는 연지, 곤지 풍습에서 유래된 것으로 보인다.

마누라

마누라는 오늘날 허물없이 아내를 부르거나, 다른 사람에게 얘기할 때 아내를 낮추어 일컫는 말로 쓰인다. 그러나 마누라는 고려 후기에 몽골 어에서 들어와 조선 시대에 '대비 마노라', '대전 마노라' 처럼 마마와 같이 쓰이던 극존칭어이다. 그러다가 신분 제도가 무너지는 조선 후기에 들어와서는 늙은 부인이나 아내를 가리키는 말로 쓰이게 되었다.

보라

담홍색을 나타내는 보라색은 그 어원이 몽골어에서 왔다. 몽골의 지배를 받던 고려 시대에는 여러 가지 몽골의 풍습이 성행했는데 그 중의 하나가 매를 길들여 사냥을 하는 매사냥이었다.

이때 사냥을 잘 하는 새로 알려진 여러 종류의 매가 있었는데, 그 중에 널리 알려진 것이 송골매라 불리는 해동청과 보라매였다. 보라매는 앞가슴에 난 털이 담홍색이라 붙여진 이름으로써 몽골어 '보로' 에서 온 말이다.

설렁탕

고기를 맹물에 끓이는 몽골 요리인 '슈루' 가 우리나라에 들어와 설렁탕이 되었다고 한다. 《몽어유해(蒙語類解)》에는 고기 삶은 물인 공탕(空湯)을 몽골 어로 '슈루'라 한다고 되어 있고, 《방언집석(方言輯釋)》에는 공탕을 한나라에서는 콩탕, 청나라에서는 실러, 몽골에서는 슐루라고 한다고 되어 있다. 따라서 이 '실러' '슐루'가 설렁탕이 되었다고 전한다.

고려 시대 25대 충렬왕(忠烈王)부터 30대 충정왕(忠定王)까지 묘호(廟號) 앞에 충(忠) 자를 붙인 까닭은?

철통 같던 고려 무인(武人) 정권은 몽골의 힘으로 몰락했다. 이에 따라 왕실이 무인으로부터 권력을 되찾기는 했지만 1270년에 삼별초가 개경 환도를 몽골에 대한 굴욕이라고 주장하면서 항쟁을 하자, 당시의 왕인 원종(재위 1259~1274)은 몽골에 구원군을 요청해 삼별초의 항쟁을 진압했다. 이때부터 고려는 약 백 년 동안 몽골의 지배를 받았다.

이렇게 몽골의 지배를 받던 백 년 동안에 바로 '충(忠)' 자를 묘호로 쓰는 기현상이 발생했다. 우리나라는 왕이 죽으면 묘호를 지어 종묘에 바치는 전통이 있었는데, 이때는 묘호를 원나라가 지어서 보냈다.

그러다 보니 무례하게도 원나라에 충성한 임금이라는 뜻으로 '충' 자를 머리에 붙였던 것이다. 그래서 원종부터 묘호를 받기 시작해서 충경, 충렬, 충선, 충숙, 충혜, 충목, 충정으로 이어졌던 것이다. 충경의 경우는 다행히 원나라에서 강제로 묘호를 주기 이전에 이미 원종이라는 묘호를 자체적으로 정해 올린 상태였기 때문에 '충' 자를 면했지만 나머지 왕들은 원에서 준 묘호로 계속 불리었다.

그러나 그 뒤 원나라의 속박에서 벗어나 자주 고려를 세우려고 노력했던 공민왕(恭愍王)이 이들 여섯 명의 왕에게 다시 시호를 올렸다. 그런데도 조선이 건국하면서 고려를 폄하하기 위해 계속 원의 묘호를 썼을 뿐이었으므로 이제부터라도 자주적인 시호를 쓰는 것이 옳은 일일 것이다.

충렬은 경왕(景王, 이하 모두 가운데에 孝자가 붙는데, 이것은 조선 시대 왕들도 대부분 받는 시호의 한 글자였으므로 생략한 것임), 충선은 선왕(宣王), 충숙은 의왕(懿王), 충혜는 헌왕(憲王), 충목은 현왕(顯王), 충정은 저왕(㡨王, 충정은 쫓겨나 독살당함으로써 공민왕에게 시호를 받지 못했으므로 그 뒤의 우왕, 창왕처럼 본명을 붙여 저왕이라고 함)이라고 불러야 한다.

24. 공민왕의 개혁 운동

→ 공민왕은 친원파를 쫓아내고 정방을 폐지하여 왕권을 강화하였으며, 정
동행성(征東行省)을 폐지하고 관제를 문종 때의 것으로 되돌렸으며, 몽
골식 생활 풍습을 금지하는 등 반원 개혁을 실시하였다.

'땡중' 이라는 말이 있다. 흔히 주색을 즐기고 고기를 마음대로 먹는
가짜 중을 말하는 것으로 알려져 있다. 그러나 '땡중' 의 어원을 살펴보
면 '땡추' 에서 나왔으며, 이것은 고려 시대에 몽골에서 벗어나고자 개
혁을 추진했던 공민왕이 신돈(辛旽)에게 도움을 요청하여 개혁을 꿈꾸
는 스님들을 규합한 모임이다. 즉, 고려 왕실에 흐르는 더러운 몽골의
피와 몽골에 아부해 온 조정 대신들을 모두 제거하고 순수한 고려를 일
으키자는 공민왕의 뜻에 따라, 각 도에 1명씩 모두 7명의 스님과 신돈이
개혁 단체로서 만든 것이 당취(黨聚)다.

이들은 당시에 친원파(親元派)가 곳곳에 있었으므로 신변 안전을 위하
여, 불교에 몸담고 있는 스님들의 행동으로는 이단(異端)인 술 먹고 고
기 먹는 것을 서로를 확인하는 신표(信標)로 삼았다.

그러므로 이들 스님들의 비밀은 철저하게 지켜져 오늘날 국어사전에
서조차 당취를 '조선 중기 이후에 학문이나 수행이 없는 중들이 만든 비
밀 결사, 곧 땡추' 라고만 나온다. 다른 말로는 땡땡이중이라고도 하였다.

개혁의 중심인물이었던 신돈은 전민변정도감(田民辨正都監)을 설치하
여 부호들이 권세로 빼앗은 토지를 각 소유자에게 돌려주고, 노비로서
자유민이 되려는 자들을 해방시켰으며, 국가 재정을 정리하고 민심을
얻었다. 그러나 그의 급진적 개혁은 상층계급의 반감을 샀고, 그 자신도

왕의 신임을 기화로 점차 오만해지고 방탕한 행동을 하므로 상층계급에서 배척 운동이 일어났다. 공민왕 18년(1369) 풍수도참설로 왕을 유혹하여 서울을 충주로 옮기고자 했으나 왕과 대신들의 반대로 실패하고, 왕의 신임을 잃게 되자, 역모를 꾸미다가 발각되어 수원에 유배된 후 공민왕 20년(1371)에 처형되었다.

그 뒤 당취의 개혁적인 성향은 점점 변질이 되었다. 즉, 조선 시대 숭유배불 정책으로 인하여 승려의 지위가 땅에 떨어지고, 성종(成宗) 이후 도승(度僧)과 승과 제도가 폐지되자, 민역(民役)과 병역(兵役)을 피하는 사람과 부모 없는 고아, 과부 등이 절에 들어가 중이 되었으므로 무자격 승려가 많아졌다. 수행에 크게 관심이 없었던 이들은 당파를 만들어 그들의 세력을 키웠다. 10인 또는 20인씩 패를 지어 다니면서 수행 스님이나 학승(學僧)을 괴롭히는가 하면, 식량과 의복 등속의 물자를 마음대로 가져다가 먹고 입었으며, 승려들을 모아 놓고 참회를 시킨다고 하면서 매질도 하였다. 땡추는 일종의 부랑 집단으로 전국적인 조직을 갖추고 통일된 행동을 했으며, 곤란한 일을 당했을 때는 서로 도와주고, 조직원 중 어떤 사람이 봉변을 당했을 때는 반드시 복수를 했다고 한다.

그러므로 원래 '개혁을 추진하는 스님의 모임'이라는 당취가 불교를 탄압하던 조선 시대에 땡중이라는 부정적 이미지로 의미가 변했다고 할 수 있다.

공민왕은 당취를 발판삼아 배원 정책과 왕권강화를 위한 정책을 실시하였다. 배원 정책으로는 원나라가 내정 간섭을 위해 설치하였던 정동행성(征東行省)과 다루가치(darughachi)를 폐지하고, 쌍성총관부(雙城摠管府)를 공격하여 되찾았으며 친원파를 축출하였다. 또한 원나라의 풍

속인 변발을 금지하였다. 왕권강화 정책으로는 정방을 폐지하고 전민변
정도감을 설치하여 개혁 정치를 실시하였다.

공민왕의 개혁 정치가 실패한 것은 신돈을 비롯한 개혁 세력의 힘이
미약했고, 홍건적과 왜구의 침입으로 인해 국내외 정세가 불안했기 때
문이다.

그러나 공민왕의 개혁 정치는 고려인들의 자주 의식을 나타내고 있다.

? 알고 넘어가기

공민왕의 개혁 정치에 대한 사료 - 《고려사》

▶ 신돈이 전민변정도감 두기를 청하고 스스로 판사가 되어 다음과 같은 방을 내렸다.

요사이 기강이 크게 무너져 사람들이 탐욕스럽고 포악하게 되어 종묘, 학
교, 창고, 사원 등의 세업 전민을 권문세족이 다 빼앗아 차지하고는 혹 이
미 돌려주도록 판결난 것도 그대로 가지고 있으며, 혹 양민을 노예로 삼고
있다. 향리, 역리, 관노, 백성 가운데 역을 피해 도망한 사람들이 모두 숨어
들어 크게 농장이 설치되니, 백성들은 병들게 하고 나라의 재정을 어렵게
하며 홍수와 가뭄을 부르고 질병도 그치지 않고 있다. 이제 도감을 두어
고치도록 하니, 잘못을 알고 스스로 고치는 사람은 죄를 묻지 않을 것이
나, 기한이 지나 일이 발각되는 사람은 엄히 다스릴 것이다.

25. 외적을 물리친 최영

→ 원나라의 지배 아래서 끊임없는 외침과 반란에 시달리던 고려를 구하
기 위해 일평생 싸움터를 누볐으며 최고의 벼슬에 올랐을 때조차 결코

재물에 욕심을 내지 않아 백성들의 존경을 한몸에 받았다.

최영(崔瑩) 장군은 고려 말기의 명장으로 여러 번 왜구를 토벌하여 공을 세웠으며, 공민왕 1년(1352) 9월에 조일신(趙日新)이 난을 일으켰을 때에는 그 일당을 소탕하기도 하였다.

한편 1354년에 중국의 산동 반도 고우 지역에서 반란이 나자 출병하여 반란군을 토벌해 중국에까지 명성을 날렸다. 그는 많은 외적을 무찔렀는데, 그 가운데에 가장 빛나는 승리는 우왕 2년(1376)에 홍산에서 왜구를 크게 무찌른 싸움이다. 특별히 이 싸움은 최영 장군이 직접 왜구의 약탈을 막으려고 군대를 몰고 가 그들을 전멸시켰다는 데에 커다란 의의가 있다. 최영 장군은 입에 화살을 맞고서도 부하들을 진두지휘했으며, 이 공으로 시중이라는 벼슬을 받았다. 그러나 끝까지 사양을 했다고 한다.

그 뒤 명나라와 철령위 문제(고려와 명나라 사이에 있었던 문제로써, 명나라는 철령 이북이 본래 원에 속했던 곳이니, 이곳을 모두 요동에 귀속시켜 자신들이 통치하겠다고 고려에 통지했다.)가 발생하자 최영은 요동 정벌을 주장했다. 이에 고려는 이성계와 조민수로 하여금 3만 8천여 군사를 일으켜 명나라와 일전을 벌이도록 지시했다.

그러나 이성계는 위화도에 이르러 네 가지 이유를 들어 요동 정벌이 불가능함을 주장했다. 이 4대 이유로는 첫째로 작은 나라가 큰 나라를 친다는 것, 둘째로 여름철 농번기에 군사를 일으킨다는 것, 셋째로 원정의 틈을 타서 왜구가 침입할 우려가 있다는 것, 그리고 무더운 장마철이라 활이 풀리고 군대 내에 질병이 심할 것이라는 점이다. 이성계는 이처럼 주장을 하고 나서 위화도에서 회군을 하여 그 칼날을 거꾸로 조정에 들이댔다.

이에 최영은 요동 정벌의 뜻을 이루지 못하고 고양(고봉)에 유배되었다가 살해되었으며, 고려 왕조는 멸망하게 된 것이다.

최영 장군은 대내외적으로 많은 공을 세우기는 했지만 새로운 왕조를 세우려는 야심에 찬 이성계(李成桂)에게 억울하게 살해되었다.

이 때문에 무당들이 최영 장군을 그들의 보호신으로 섬기는 것이다. 살아생전에 자신의 한을 풀지 못하고 죽은 사람이기에 저승으로 가지 못하고 이승에 가까이 있을 것이며, 기원하는 이들의 심정을 잘 이해하고 들어주리라 믿는 것이다. 그러기에 우리나라의 굿당이나 개인 신당 중에는 최영 장군의 영정이 걸리지 않은 곳이 드물다. 지금도 사람들은 최영 장군을 장수(長壽)와 태평을 가져다주는 신으로 믿고 있다.

이처럼 무당을 비롯한 전통 신앙을 추구하는 사람들이 모시는 신은 한이 많아서 저승으로 가지 못한 이들이다. 그러므로 큰 한을 품은 사람들이 대개 무당들의 신이 된다.

이 밖에 우리나라 인물로 굿당에 모셔져 있는 사람들은 왕위를 지키지 못했거나, 왕위에 오를 예정이었으나 비극적인 죽음을 당한 사람, 또는 왕위를 제대로 누리지 못하고 쫓겨난 사람이다.

예를 들어 연산군(燕山君)이나 광해군(光海君), 사도 세자, 그리고 한말에 일본인의 손에 참혹하게 죽은 명성 황후와 같은 인물이다. 그러니까 이성계, 이순신(李舜臣), 권율(權慄) 같은 장수는 무당들이 섬기는 귀신으로는 적당하지 않은 것이다. 왜냐하면 뜻을 이루고 잘 살다가 죽었으니 저승으로 다 올라갔다고 믿기 때문이다.

이성계의 4불가론이란?

공민왕이 즉위하던 1351년은 원나라 순제 11년으로, 유례없는 대제국을 건설했던 몽골족들도 이를 전후하여 이미 크게 흔들리고 있었다. 국가 재정이 궁핍해지고 백성들의 생활이 도탄에 빠진 틈을 타 각지에서 한인(漢人) 반란군이 봉기를 하였다. 이러한 세력 중에 두드러지게 성장한 세력이 주원장(朱元璋)이었다. 그는 공민왕 17년(1368)에 응천에서 황제에 즉위하고 국호를 명(明), 연호를 홍무(洪武)라고 하면서 세력을 넓혀 갔다.

초기에는 원을 의식한 명나라가 고려에 대하여 우호적인 바탕 위에서 순조롭게 진행이 되었으나, 명이 요동으로 진출하면서 양국 간의 관계는 점차 악화되었다. 더구나 명나라의 고려에 대한 자세는 점차 위압적인 자세로 바뀌어 고려에 대하여 부당한 요구를 하기에 이르렀다. 세공을 납부하라거나, 말 5,000필을 사가겠다든가 하는 것이다. 그러나 당시 고려에서는 말 5,000필을 구하기가 어려운 일이었으므로 명의 요구를 들어주기에는 역부족이었다. 이에 명나라는 요동을 폐쇄하여 고려 사절의 내왕을 금지하였다.

고려 정부는 명나라가 일방적으로 억압과 위협을 가하는데 대해 상당한 반감이 조성되어 있었다. 명나라 황제가 장차 처녀 및 환관 각 1천 명과 말·소 각 1천 필을 요구할 것이라는 소식을 듣고 최영은 관리들 앞에서 강경하게 대처하기로 하였다.

그리하여 우왕 13년(1387)에 요동 경영에 큰 진전을 보게 된 명나라는 고려에 대해 더욱 강경한 태도를 보였다. 즉, 우리나라가 차지하고 있는 철령 이북의 땅을 회수하겠다는 철령위(鐵嶺衛) 문제를 들고 나왔고, 이 소식은 이듬해인 우왕(禑王) 14년(1388) 2월에 명나라에 사신으로 갔던 설장수를 통해 고려에도 전해졌다. 이때에는 그간 잦은 부정부패를 일삼아 오던 이인임(李仁任) 일파가 조정에서 축출되고 최영이 집권하고 있었거니와, 그는 마지막으로 밀직제학(密直提學) 박의중(朴宜中)을 청화사(請和使)로 파견하여 철령 이북으로부터 공험진까지의 땅은 본래 고려의 속령이었음을 설명하고 철령위 설치의 중지를 요청하게 하였으나, 별다른 소식이 없었다. 마침내 최영은 우왕과 비밀리에 명나라를 정벌하는 계획을 세워 나갔다. 3월에 명나라가 철령위(鐵嶺衛)를 설치한다는 보고를 받자 우왕은 8도의 정예병사 징발을 명령하고, 스스로 평안도로 행차하겠다고 나서며 요동 공격 준비를 본격화하였다.

4월 1일 우왕이 봉산에 도착하여 최영과 이성계를 불러 처음으로 요동 정벌 계획을 알리자 이성계는 '첫째, 작은 나라가 큰 나라를 거스르는 것은 옳지 않으며(以小逆大), 둘째, 여름철에 군사를 동원하는 것은 부적당하고(夏月發兵), 셋째, 요동을 공격하는 틈을 타서 남쪽에서 왜구가 침범할 우려가 있으며(擧國遠征 倭乘其虛), 넷째, 무덥고

선죽교

비가 많이 오는 시기라 활의 아교가 녹아 무기로 쓸 수가 없고, 병사들도 전염병에 걸릴 염려(時方署雨 弩弓解膠 大軍疾疫)가 있어 불가하므로 만일 요동 정벌을 정한다면 가을에 하는 것이 합당하다.'고 하는 4불가론을 주장하였다.

하지만 우왕은 이성계의 말을 듣지 않고 요동 정벌을 강행하였다. 그리하여 우왕 14년(1388) 4월 3일에 드디어 최영 자신은 8도도통사가 되어 평양에 나아가 군사들을 격려하면서, 조민수(曺敏修)를 좌군도통사로 삼고 심덕수·박위(朴葳) 등 여러 장수를 그 예하에 배속시켰으며, 이성계를 우군도통사로 삼고 정지(鄭地)와 지용기·배극렴(裵克廉)·이두란·이원계 등의 여러 장수를 그 예하에 배속시켜 좌우군 38,800명에, 지원 부대 11,600명의 5만여 명의 대군을 거느리고 출정하게 하였다.

이렇게 하여 4월 18일 출정한 이성계 일행은 5월 7일에 압록강 가운데에 위치한 위화도까지 진군하였지만, 도망하는 군사가 속출하고 비로 인하여 강물이 불어나 그것을 건너기도 쉽지 않았다. 이에 이성계와 조민수는 "강물이 불어 압록강을 건너기도 어려운데, 요동까지 가려면 큰 강을 몇 차례 건너야 하므로 곤란합니다. 군량도 다 떨어져 진군하기가 어려우니 퇴군을 윤허해주십시오."라고 우왕에게 요청하였으나, 우왕은 듣지 않았다.

이에 21일 두 장수는 최영에게 회군을 요청하였으나, 최영은 물론 그 건의를 받아들이지 아니하였다. 사태가 이렇게 되자 이성계는 조민수 등의 참모 등을 달래어 이튿날 새벽 스스로 회군을 단행하게 되었다. 쿠데타가 시작된 것이었다.

그리하여 개경에 돌아온 이성계 일행은 최영을 잡아 고양으로 귀양 보내고, 항거하는 우왕도 위협하여 강화도로 추방하였다. 이것이 무진 회군(戊辰回軍) 또는 위화도 회군(威化島回軍)이라 일컫는 사건으로, 이는 고려 몰락을 알리는 시작이라 하겠다.

정몽주 묘

위화도 회군으로 정권을 잡은 이성계는 위화도 회군의 동지인 조민수가 사전개혁 문제에 반대하자 귀양을 보낸 후, 고려의 전권을 잡는데 성공하였다.

위화도 회군으로 정치적·군사적인 정권을 장악한 이성계는 부패한 귀족들이 법을 어기고 많은 토지를 차지하고서도 세금을 내지 않아 국가 재정이 어렵게 됨을 알고 이를 극복하기 위하여 토지 개혁을 단행하였다. 이로써 이성계는 정치·군사·경제권을 모두 장악하게 된 것이다. 이어 고려를 마지막으로 지탱해주는 정몽주를 선죽교(善竹橋)에서 제거하고, 정부 관리를 자기네 세력 일색으로 채우고 이색을 비롯한 여러 옛 중신과 종실 등 새 왕조의 개창에 방해가 될 만한 인물들은 모두 멀리 귀양 보냈다.

그리고 이해 7월에 우시중을 맡고 있던 배극렴 등이 공민왕비인 정비(定妃)에게 지금 왕은 정사에 어두울뿐더러 덕이 없어 임금으로 삼을 수가 없다고 아뢰고, 그의 명령을 받는 형식을 빌어서 공양왕을 폐하여 원주로 추방하였다. 그 며칠 후 이성계가 개경 수창궁에서 새 국왕으로 즉위하니 이로써 고려는 34왕 475년 만에 멸망하고, 조선이 시작된 것이다.

왕위에 오른 이성계는 1394년에 서울을 한양으로 옮겼다. 그러나 1398년 제1차 왕자의 난으로 방과(정종)에게 왕위를 선양하고, 다시 1400년 방원(태종)이 즉위하자 상왕(上王)에서 태상왕(太上王)이 되어 왕자들의 권력다툼으로 1402년 동북면에 가서 은거 생활을 하였다. 후에는 불가에 귀의하여 여생을 보냈다. 건국이념인 삼대국시(三大國是)를 사대교린 정책(事大交隣政策)2, 숭유억불 정책(崇儒抑佛政策), 농본 정책(農本政策)으로 정해 조선 왕조의 근본 정책으로 삼게 했으며, 관제·병제·전제의 정비 등 여러 방면의 국가 기초를 다지는 큰 업적을 이룩하였다.

이성계는 태종 8년(1408)에 74세를 일기로 세상을 떠났다.

한국사 II의 구성

목차